Sabine Völker-Kraemer

Wie ich zur Teddymutter wurde
Das Leben der Margarete Steiff nach ihren eigenen
Aufzeichnungen

W0227223

Sabine Völker-Kraemer

Wie ich zur Teddymutter wurde

Das Leben der Margarete Steiff
nach ihren eigenen Aufzeichnungen

Quell

Wir danken der Margarete Steiff GmbH
für ihre freundliche Unterstützung
und die Überlassung des Bildmaterials

ISBN 3-7918-1978-X
© Quell Verlag, Stuttgart 1996
Printed in Germany · Alle Rechte vorbehalten
1. Auflage 1996
Umschlagmotiv: Teddybär 35 PB Mohair, Replica 1904
Foto: Margarete Steiff GmbH, Giengen
Umschlaggestaltung: Klaus Dempel, Stuttgart
Gesamtherstellung: Maisch & Queck, Gerlingen

Inhalt

Das Tagebuch der Margarete Steiff

»Dieses Buch wurde mir einst geschenkt mit der Weisung, meine Lebensgeschichte hineinzuschreiben; endlich komme ich dazu, damit zu beginnen. Ich glaube aber nicht, daß es etwas Rechtes wird, denn Schriftstellerin ist nicht meine Sache. Ich gebe, was ich kann, meine Eigenen werden es schon verstehen.«

Margarete Steiff

Vorwort

Es gibt wohl kaum ein Tier auf dieser Erde, das nicht einen Zwilling aus Plüsch zur Seite gestellt bekommen hat. Alle diese »Stoff-Verwandten« tragen nicht nur den gleichen Knopf im Ohr, sondern auch denselben Namen: Steiff. Und alle haben sie dieselbe »Mutter«, Margarete Steiff, die Gründerin und langjährige Chefin der Spielzeugfabrik im schwäbischen Giengen. 1997 jährt sich der Geburtstag der bekanntesten Tochter des Städtchens an der Brenz zum 150. Mal.

Wer war diese Margarete Steiff, wie hat sie es geschafft, aus einer kleinen Heimwerkstatt ein weltweit bekanntes Unternehmen zu schaffen?

Ihr eigenes Tagebuch, das Margarete Steiff im Rückblick auf ihr gewiß nicht einfaches Leben geschrieben hat, gibt die Antwort und beschreibt das Leben und die überaus erfolgreiche Karriere dieser ungewohnlichen Frau.

So manches in die Biographie übernommene Zitat aus dem handschriftlichen Tagebuch gibt uns das Gefühl, Margarete Steiff geradezu »gegenüberzusitzen«. Nüchtern und unsentimental schildert sie ihr Leben. Auch im Umgang mit ihrer Krankheit bleibt sie nüchtern, sie will kein Mitleid. Sie selbst hat es in ihrem Leben nicht nötig gehabt, rührselig zu werden, also hat Rührseligkeit auch in ihrem Tagebuch keinen Platz.

Eine Tatsache, die wohl die wenigsten Steifftier-Besitzer kennen, ist, daß Margarete Steiff als Klein-kind an Kinderlähmung erkrankte und bis an ihr Lebensende auf den Rollstuhl angewiesen sein sollte. Doch diese Krankheit ließ sie schon als Kind eine be-sondere Form von Ehrgeiz und Selbständigkeit ent-wickeln. Vielleicht war es ein Glück für das Kind Margarete, daß ihre Mutter mit den vier Kindern und dem Geschäftshaushalt so ausgelastet war, daß sie ganz einfach keine Zeit hatte, die gelähmte Tochter über die Maßen zu verwöhnen. Margarete war ihrer Mutter später sogar dankbar dafür, nicht »verzärtelt« worden zu sein. So war sie von Kindheit an genötigt, ihren Platz im Leben selbst zu bestimmen.

Wer wie Margarete Steiff nicht laufen konnte, war darauf angewiesen, daß die Spielgefährten und spä-ter die Freunde, Bekannten, Angestellten und die Le-bensgefährtin zu ihr kamen. Und zwar nicht nur aus Mitleid. Das wollte Margarete Steiff nicht haben, wenngleich sie es in manchen Situationen schon ge-noß, von ihren Mitmenschen verwöhnt zu werden. Da gab es Nachbarn, die sich nur zu gern um das kranke Kind kümmerten, und sich selbst sogar

Teddybär 35 PB Mohair, Replica 1904
Purzelbär, Replica 1909
Teddybär mit Halsmechanik, Replica 1955

11

Leckereien vom Mund absparten, um Margarete eine Freude zu machen.

Doch sie wollte, daß die Menschen *gerne* zu ihr kamen. So entwickelte Margarete bereits in Kindertagen ein beachtenswertes Geschick, die Wege ihrer Mitmenschen zu ihr zu lenken, ohne daß diese sich dorthin gezwungen fühlten. Schon als Kleinkind hatte sie es geschafft, sich unentbehrlich zu machen, indem sie die noch kleineren Nachbarskinder beschäftigte und tröstete, während deren Mütter bei der Feldarbeit waren. Wen auch immer sie um sich scharte, alle wurden schließlich für ihre Anwesenheit von Margarete belohnt und von der fröhlichen Unbekümmertheit des behinderten Kindes angesteckt. Margarete hatte ein solch großes Spiele- und Liederrepertoire, daß in ihrer Anwesenheit garantiert keine Langeweile aufkommen konnte.

Natürlich blieben die Nachbarskinder nicht immer bei Margarete, sondern rannten auch um die Wette zu den Wiesen. Und selbstverständlich war das gelähmte Kind dann traurig und böse mit diesen Beinen, die nicht wollten, wie Margarete wollte. Doch diese Traurigkeit währte nie lange. Da waren schließlich noch die Kleinkinder, die mit großen Augen den Liedern Margaretes lauschten.

Andere Kinder in Margaretes Situation hätten sich vielleicht nach ein oder zwei Erfahrungen, allein gelassen worden zu sein, in ihr Schneckenhaus zurückgezogen. Sie hätten sich nie wieder ganz herausgetraut und sich damit alle Chancen ihres Lebens selbst verbaut. Nicht so Margarete Steiff. Ihre Gabe, immer wieder die Flucht nach vorne zu wagen, immer neue Möglichkeiten zu suchen, wie sie sich ausleben konnte, war ein Selbstschutzmechanismus, der ihr gleichzeitig viele Türen in ihrem Leben öffnete.

So beispielsweise in der Nähschule. Die Mitschülerinnen mußten ihr zwar immer wieder helfen, wurden dafür aber von Margarete mit den schönsten Geschichten unterhalten. Auch später traf man sich gern im Hause Steiff zur Arbeit – immerhin gab es dort eine Alleinunterhalterin, die mit ihrer Zither für Kurzweil sorgte: natürlich Margarete selbst . . . Man kann Giengens bekanntester Tochter eine gewisse Berechnung nicht absprechen.

Allerdings sollte diese Berechnung nie zum Schaden der Mitmenschen Margarete Steiffs sein. Immerhin versorgte sie später als Unternehmerin einen Großteil der Giengener Familien mit Arbeitsplätzen und einem sicheren Auskommen. Und nicht nur das. Sie wußte über die Familienverhältnisse und die jeweilige Finanzlage ihrer Angestellten Bescheid – und so manches Mal hat sie mit einem Griff in ihren eigenen Geldbeutel eine scheinbar aussichtslose Notlage aus der Welt geschafft.

Nachfahren Margarete Steiffs wissen zu erzählen, daß sie auch als Chefin ihre Angestellten nie mit Arbeitsanweisungen oder gar Befehlen geführt haben soll, sondern daß sie immer versuchte, ihre Mitarbeiter mit überzeugenden Argumenten und der ihr eigenen Begeisterungsfähigkeit auf den allerdings von ihr längst entschiedenen Weg zu bringen.

Diese Vorgehensweise Margarete Steiffs bewährte sich auch, als die Firmenchefin sich um die Fortführung ihres Lebenswerkes kümmerte und dabei ihren Neffen diverse Berufsausbildungen schmackhaft machte, die für die jeweiligen Abteilungen des Hauses Steiff wichtig waren. Die Neffen konnten gar nicht anders . . .

Margarete Steiff wußte allerdings auch um ihre Grenzen. Auch wenn sie noch so gerne »dirigierte«, sie mußte immer achtgeben, ihre Weggefährten nicht zu verärgern. Die hatten immerhin funktionierende Beine, die sie womöglich zum Weglaufen genutzt hätten, wenn Margarete über die Stränge geschlagen hätte.

Geschäftspartner hatten es gewiß nicht leicht mit der Unternehmerin. Zum einen war Margarete Steiff eine der ganz wenigen Geschäftsfrauen in jener Zeit und zum zweiten hatte sie auch vom Rollstuhl aus keineswegs vor, zu irgend jemandem aufzuschauen. Wer also gedacht hatte, eine schwache Verhandlungspartnerin vor sich zu haben, ist sicherlich eines Besseren belehrt worden. Sie selbst formulierte in ihrem Tagebuch einen Wesenszug, der in solchen Fällen zum Einsatz kam: »Mit meiner bekannten Unverfrorenheit . . .«

Der Mutter Margaretes, Maria Steiff, machte das Wesen ihrer Tochter wohl am meisten zu schaffen. Zunächst war das gelähmte Mädchen »nur« in gesundheitlicher Hinsicht ein Sorgenkind und auch eine finanzielle Belastung für die Familie. Doch als Margarete im Alter von siebzehn Jahren ihren Eltern eröffnete, von nun an keine sinnlosen Heilversuche von Ärzten mehr zu dulden, fing das »Leiden« für die Mutter an. Ihre Tochter hatte sich zwar dafür entschieden, mit ihren körperlichen Gebrechen zu leben, doch noch lange nicht mit den gesellschaftlichen Folgen. Sie wollte »dabei« sein, wenn irgend möglich als Mittelpunkt des Geschehens, sie wollte bei den Unternehmungen der Giengener Jugend mit von der Partie sein – und fand auch immer Helfer. Margarete durfte bei waghalsigen Unternehmungen nicht fehlen, die zuweilen ein schlimmes Ende für sie nahmen, was ihrer Mutter so manches graue Haar einbrachte.

Und Margarete wollte mehr zustandebringen als die von der Mutter zugewiesenen Häkelarbeiten. Sie wollte wie ihre beiden Schwestern die Nähschule absolvieren und schlug alle gutgemeinten Einwände der

Eltern in den Wind, die ihrer Tochter die vermeintliche Enttäuschung gerne ersparen wollten. Die Tatsache, daß die Schwestern ihr anfangs oft helfen und dabei ihre eigene Arbeit vernachlässigen mußten, spornte sie nur um so mehr an, bald selbst mit den ihr gestellten Aufgaben fertig zu werden.

Das junge Mädchen war sehr pflichtbewußt und ausdauernd; und was es einmal angefangen hatte, führte es auch zu Ende. Allerdings wollte sich Margarete Steiff nicht mit der Pflicht begnügen. Freude und eine für die eher puritanische Mutter nicht verständliche Lebenslust sorgte für so manchen Disput im Hause Steiff.

Aber die gelähmte junge Frau ließ sich davon nicht beirren. So mußte sie unbedingt Zither spielen lernen. In den ersten Übungsstunden wollten ihre Hände ihr einmal mehr ihre Schwachheit demonstrieren, doch bald schon hatte Margarete im wahrsten Sinne des Wortes die »Oberhand« gewonnen. Und schon war sie an langen Abenden wieder umringt von geschäftigen Handarbeiterinnen, denen die Arbeit – dank Margaretes Zitherspiel – gleich noch einmal so gut von der Hand ging.

Als Margarete und ihre Schwestern für die gemeinsame Nähwerkstatt eine Nähmaschine kaufen konnten und das eiserne Hilfsmittel sich von Margaretes rechtem Arm nicht in Schwung bringen lassen wollte, ließ sie das Unikum einfach umdrehen und brachte es mit der linken Hand zum Laufen. Und wieder hatte sie die Oberhand behalten.

Der Leser des Tagebuches wartet von Seite zu Seite auf ein unüberwindliches Hindernis in Margarete Steiffs Leben. Doch er wartet vergeblich. Nur an wenigen Stellen läßt die Schreiberin Schwächen durchscheinen. So beispielsweise, wenn sie beschreibt, wie die Steiff-Töchter vor Festtagen in ihrer Werkstatt fast ganze Nächte durch arbeiteten. Margarete selbst war hart gegen sich selbst, sie nahm nicht das Sonderrecht in Anspruch, als Behinderte früher zu Bett gehen zu dürfen – allerdings hatte sie ein schlechtes Gewissen gegenüber ihrer Schwester Pauline, die sich nach Ansicht Margaretes damit ihre Gesundheit ruinierte. Überhaupt schien es ihr nicht recht, daß ihre Schwestern schon früh außer Haus in Stellung gehen mußten, auch um Margarete Arztbehandlungen und Kuren zu ermöglichen.

Die wohl verletzlichste Stelle in der Seele der ansonsten so stark wirkenden Frau wird dort offenbar, wo sie in ihrem Tagebuch von den Kindern ihrer Schwester Marie erzählt. Die Behinderung konnte Margarete Steiff sonst nicht in ihrem Tatendrang bremsen, doch in einem Fall mußte sich Margarete in ihr Schicksal fügen, obwohl ihr hier besonders viel daran gelegen hätte, es ungeschehen zu machen: Ihre

Behinderung hatte es ihr unmöglich gemacht, zu heiraten und Kinder zu bekommen.

Als ihre Schwester Maria im Sterben lag, war Margarete so um das Wohl der beiden Kinder besorgt, daß sie Gott bat, doch sie statt der Schwester zu sich zu nehmen. Doch Margarete hatte gelernt, Gottes Lebensplan für jeden einzelnen Menschen zu akzeptieren, auch wenn er für die jeweils Nahestehendsten schwer zu ertragen war. So konnte sie ihren tief betroffenen Eltern Trost spenden, als diese vom Sterbebett ihrer Tochter Maria in die Ledergasse zurückkehrten. Dieses tiefe Gottvertrauen Margarete Steiffs wird nicht nur an dieser Stelle ihres Tagebuches eindrücklich geschildert.

Besonders deutlich wird ihr Glaube, wenn sie erzählt, wie sie als junges Mädchen von siebzehn Jahren entschied, daß sie weitere Medikamente und Kuren ablehnen würde. »Es war ein langes Suchen nach Heilung, bis ich mir selbst sagte, Gott hat es so für mich bestimmt, daß ich nicht gehen kann. Es muß auch so recht sein«, schrieb sie in ihr Tagebuch. Margarete Steiff wollte endlich zur Ruhe kommen und ihr Leben selbst in die Hand nehmen.

Und sie hat ihr Leben in die Hand genommen! Von dem erstaunlichen und bewundernswerten Leben der Margarete Steiff möchte diese Biographie erzählen, die auf der Grundlage von Margarete Steiffs

Tagebuch und meinen eigenen Recherchen entstanden ist. Möge dieses Leben der Margarete Steiff für viele Menschen zu einem ermutigenden Vorbild werden!

Sabine Völker-Kraemer

Ein fröhliches Sorgenkind

»Ich bin geboren am 24. 7. 1847 und erhielt die Namen Appolonia Margarete Steiff.

Mein Vater:

Friedrich Steiff aus Geislingen a. d. Steige, geboren 28. 7. 1817.

Meine Mutter:

Maria Margarete, geb. 28. 6. 1815. Tochter des Bartholomäus Haehnle und der Anna Maria Haehnle geb. Hodum.

Meine Geschwister:

Marie Steiff, geb. 22. 2. 1844,

Pauline Steiff, geb. 27. 11. 1845,

Friedrich Steiff, geb. 27. 12. 1848.«

So beginnt Margarete Steiff ihr Tagebuch.

Margarete entwickelte sich als Säugling zunächst prächtig, aber dann waren ihr nur wenige Schritte auf eigenen Beinen vergönnt. Im Alter von eineinhalb Jahren erkrankte sie an einem schweren Fieber, das nicht sinken wollte. Die Beinchen versagten ihren Dienst, das linke war ganz gelähmt, das rechte teilweise. Auch die Arme waren von den unerklärlichen Lähmungserscheinungen betroffen, die sich glücklicherweise wieder besserten. Doch der rechte Arm des Mädchens blieb geschwächt. Mit der Erforschung dieser Krankheit, die Margarete zum Sorgenkind der Familie Steiff machte, war gerade erst begonnen worden. Erst mehr als hundert Jahre nach der Erkrankung Margaretes sollte es einen Impfstoff gegen diese Krankheit, die »Kinderlähmung«, geben.

Für die jüngste Steiff-Tochter – das sollten unzählige Arztbesuche und Kuren später bestätigen – gab es keine Heilung. Bis zu ihrem Tod im Jahr 1909 war Margarete auf den Rollstuhl und die Hilfe ihrer Familie und Freunde angewiesen.

Mutter Maria Steiff hatte nicht nur eine sechsköpfige Familie und den Haushalt zu versorgen, sondern mußte auch ihrem Mann Friedrich in dessen Baugeschäft zur Seite stehen. So blieb nicht viel Zeit für das gelähmte Töchterchen, das sich nicht wie ihre Geschwister und die Nachbarskinder unbeschwert »auf der Gass«, die doch ihr liebster Aufenthaltsort war, bewegen konnte. Und doch ließ es sich Margarete nicht nehmen, immer im Mittelpunkt des fröhlichen Treibens zu stehen. »Alle Hausgenossen bettelte ich an: ›Tragt mich auf die Gasse‹, wenn ich auch manchmal fast erfror«, erinnert sie sich. Schon frühmorgens wurde sie von der Mutter in einen Leiterwagen gepackt, der seinen Stammplatz vor dem Elternhaus in der Ledergasse hatte.

Holländer Hase, Replica 1911
Teddy, Replica 1909, blond
Teddy Rosé, Replica 1925

23

Margarete konnte den Leiterwagen nicht verlassen, also mußte sie sich etwas einfallen lassen, wollte sie beim Spiel nicht ausgeschlossen sein. Und wenn sie schon nicht mit den Nachbarskindern um die Wette rennen und die Ledergasse unsicher machen konnte, so mußte sie eben Spiele erfinden, bei denen die Spielkameraden in engem Radius um die behinderte Altersgenossin herum agierten. Dabei entwickelte das körperlich geschwächte Kind ein unnachahmliches Geschick, »Spielleiterin« zu sein. Die Spielgefährten wußten, immer wenn Langeweile aufzukommen drohte, hatte Margarete bestimmt einen originellen Zeitvertreib parat. Diese Fähigkeit, den anderen Rollen zuzuteilen und den Spielablauf zu dirigieren, wird in ihrem Leben noch eine große Rolle spielen.

Wenn die gleichaltrigen Nachbarskinder dann doch bisweilen ihr Spiel auf weiter entfernte Wiesen ausdehnten oder ihren Eltern bei Erntearbeiten zur Hand gehen mußten, bot sich das Mädchen als »Babysitter« für die Kleinsten an. Oft hätten gleich mehrere Kleinkinder wie unter den warmen Fittichen einer Glucke bei Margarete im Leiterwagen gesessen, erzählt man sich. Auch wenn sich die Mütter verspäteten, verzweifelte das Mädchen nicht. Mit Liedern, Reimen und unendlicher Geduld hielt sie die Kleinen bei Laune. Margarete war es gar nicht so unrecht, ihrer Mutter berichten zu können, sie habe Kindsmagd spielen müssen, denn dann zeigte die strenge Mutter Verständnis dafür, daß die Tochter die ihr zugeteilte Häkelarbeit nicht fertig hatte. Häkeln war nun einmal nicht die Lieblingsbeschäftigung von Margarete Steiff.

Margarete saß nicht nur im Frühling und Sommer im Freien in der Ledergasse, auch im Herbst und Winter ließ sie sich – warm eingepackt – dorthin stellen, wo »etwas geboten« war. Vielleicht war das der Grund, warum Margarete, von Wind und Wetter abgehärtet, von allen sonst üblichen Kinderkrankheiten verschont blieb. Margarete entwickelte sich wie ein gesundes Kind, doch Arme und Beine blieben kraftlos wie zu Beginn der Krankheit. Nach wie vor mußte sie von der Mutter oder von ihren beiden älteren Schwestern versorgt, gewaschen und angezogen werden.

Wenn das Mädchen nicht gerade im Leiterwagen vor der Haustür saß, war sie oft bei den Großeltern. Die beiden alten Leute hatten Mitleid mit dem kranken Kind, und Margarete beschrieb in ihrem Tagebuch, wie gerne sie in Großvaters herrlich duftenden Kaffee feine »Dunkerle« tauchte, die sich der Opa für seine Enkelin vom Mund abgespart hatte – sehr zum Ärger von Tante Ursche, die für die Großeltern sorgte und dabei jeden Kreuzer zweimal umdrehen mußte.

Vom Fenster der großelterlichen Stube aus beobachtete das Mädchen gerne die Schafe, denen sie nie hinterherrennen konnte. Dafür rief sie aber aus Leibeskräften zum Fenster hinaus:

»Schäfer, wo sind deine Schauf (Schafe);

's hintere lauft dem vordere nauch (nach).«

Neugierig schaute sie ihrer Großmutter zu, wie diese im Auftrag fremder Leute feine Aussteuerstrümpfe strickte und mit Namen versah, wie es damals üblich war. Gern lauschte Margarete auch den immer neuen Geschichten aus Großmutters Jugend, die diese beim Stricken erzählte.

Sehr viel später, als sich die junge Frau selbst handwerklich betätigte, setzte Margarete Steiff dieses Vermächtnis ihrer Großmutter fort, indem sie ihre Arbeit mit eigenen Geschichten und Liedern begleitete.

Vielleicht war es Mitleid mit dem Mädchen, das Verwandte und Nachbarn dazu bewegte, sich besonders um Margarete zu bemühen, doch ganz sicher waren die Menschen auch vom unbeschwerten Wesen des Mädchens fasziniert. Überall wird sie als geselliges und stets heiteres Wesen beschrieben, und das, obwohl sie eigentlich allen Grund gehabt hätte, mit ihrem Schicksal zu hadern.

Und schon als kleines Mädchen wußte sie, wie sie es anstellen mußte, damit ihr allerlei Wünsche erfüllt wurden. Da gab es beispielsweise den Nachbarn Jesaja Edelmann, dem sie oft so lange in den Ohren lag, bis er sie mit hinaus aufs Feld nahm, auch wenn es für ihn beschwerlich war, das gelähmte Kind zu tragen.

An einem Sommertag mußte Jesaja Edelmann den Futterklee ernten und nahm zu dieser Arbeit nicht nur Margarete, sondern auch ihre drei Geschwister mit. Die drei gesunden Steiff-Kinder vertrieben sich die Zeit, in der Jesaja mähte, mit wildem Herumtollen. Ihre abseits sitzende Schwester versorgten sie mit duftenden Wiesenblumen. Margarete freute sich schon darauf, später mit ihren Geschwistern hoch droben auf dem mit Klee gefüllten Wagen zurück nach Giengen fahren zu dürfen. Alle halfen mit, sie hinauf in das weiche Grün zu ziehen und zu schieben, dann zogen die Pferde Jesaja Edelmanns ihre wertvolle Fracht zurück zur Ledergasse.

Aber kurz vor der Ankunft zu Hause passierte ein Unglück, das nicht nur Margarete, sondern auch ihre drei Geschwister das Leben hätte kosten können. In der schmalen Gasse, die direkt an der damals noch weitgehend unbefestigten Brenz verlief, kam dem voll beladenen Wagen ein anderes Pferdefuhrwerk entgegen. Jesaja Edelmanns Gespann geriet zu nahe an die Uferböschung, kam ins Rutschen und kippte mit seiner ganzen Ladung in die Brenz.

Jesaja Edelmann schrie aus Leibeskräften um Hilfe, und schnell waren alle verfügbaren Kräfte aus der Ledergasse am Unglücksort versammelt, um die Kinder zu retten.

Die jüngere Schwester Pauline hatte besonderes Glück. Sie mußte nur aus einem Berg von Klee befreit werden, die anderen Geschwister allerdings hatten unliebsame Bekanntschaft mit der Brenz gemacht. Die vielen helfenden Hände sorgten dafür, daß auch Marie, Friedrich und Margarete bald wieder festen Boden unter den Füßen hatten. Margarete, die aus eigener Kraft nichts zu ihrer Rettung beitragen konnte, erinnerte sich noch Jahre später gut daran, daß sie für einige Zeit nichts weiter als das Nelkenmuster ihres Schürzchens sah, das ihr am Gesicht klebte.

»Als man mich fragte, was ich denn getan hätte, wenn man mich nicht herausgezogen hätte, antwortete ich, ich wäre zu meiner Basdote in die Klingenmühle geschwommen. Einer Angst oder eines Schreckens kann ich mich nicht erinnern. Einen großen Nachteil brachte uns das unfreiwillige Bad, wir durften lange Zeit nicht mehr mit ins Feld fahren.«

Während es für alle Kinder, die in jenen Tagen unweit der Brenz aufwuchsen, fast schon Pflicht war,

28

NIKI Hase, Replica 1952
DICKY Bär, Replica 1930
Pinguin, Replica 1928
Bär auf Rädern, Replica 1905

29

mindestens einmal hineingefallen zu sein, hatte man Margarete eingeschärft, sich niemals von anderen Kindern auch nur in die Nähe des Wassers bringen zu lassen. So hatte dieses Unglück für Margarete doch auch etwas Gutes: Margarete gehörte fortan zum erlauchten Kreis der schon einmal ins Brenz-Wasser Gefallenen, und es wird erzählt, sie sei ihr Leben lang stolz darauf gewesen.

Nachbar Jesaja Edelmann und seine Frau waren aber noch aus einem ganz anderen Grund bei Margarete und ihren Geschwistern beliebt:

»Wenn man zu Hause Gemüse oder Haferbrei hatte, dann bekam man sicher beim Schuhmacher ein Butterbrot zum Nachtisch, denn die obigen Speisen hatten wir gar nicht gerne. Auch gab es dort Schnitz und Hutzeln, Rührmilch und andere gute Sachen. Obgleich der alte Nachbar sehr knauserig war gegen seine Eigenen, so durfte doch seine Frau uns alles zuschieben.«

Gern schaute Margarete Steiff auch beim alten Ferde und seiner Bäbe im Nachbarhaus vorbei. Dort wartete auf das kleine Mädchen ein ganz besonderes Spiel: zwei kleine Töpfchen und eine Handvoll Linsen. Ähnlich war es bei der »schönen Gerberin«, Frau Schmid. Sie drückte Margarete immer eine Schachtel mit Knöpfen in die Hand – ein Spielzeug, das gut mit den Linsen des alten Ferde mithalten konnte.

An den Sonntagen, wenn die großen Schwestern mit ihren Freundinnen spazieren gingen, lag Margarete ihrer Mutter so lange in den Ohren, bis diese sie zur Base Seifensieder oder zur Basdote in die Mühle brachte. In der Mühle gab es breite Simse, auf denen man herrlich spielen konnte, und außerdem besaß die Basdote neben vielen anderen Herrlichkeiten ein Geduldspiel, das Margarete zwar nie beherrschte, aber sie war eine ausdauernde Spielerin und verlor nie die Geduld.

Hoffnung auf Heilung

So fröhlich das Wesen Margarete Steiffs war, so scheinbar unbeschwert sie mit Gleichaltrigen spielte, so gut das Kind sich mit seinem Schicksal abfand, so sehr hofften die Eltern und Großeltern des Mädchens doch auf eine Heilung. In diesem körperlichen Zustand, so die Befürchtungen der Mutter, würde die jüngste Tochter niemals ihr Leben aus eigener Kraft meistern können und wäre immer auf die Hilfe ihrer Geschwister angewiesen, wenn die Eltern einmal nicht mehr für ihr Kind sorgen konnten.

Vor diesem Hintergrund ließen die Steiffs nichts unversucht, ihr Kind auf »eigenen Beinen« ins Leben zu entlassen. Soweit es die finanziellen Möglichkeiten des Vaters zuließen, legte er immer wieder einen Taler zur Seite, um sein jüngstes Töchterchen irgendwann einmal einem guten – und teuren – Arzt vorstellen zu können. Doch es war für Friedrich Steiff nicht einfach, überhaupt einen kompetenten Arzt zu finden.

Ein Geschäftspartner war es schließlich, der dem besorgten Vater die Adresse eines Ulmer Arztes nennen konnte, der für Margaretes Leiden der richtige schien. Ohne Rücksicht auf die Beschwerlichkeit der winterlichen Reise schickte Friedrich Steiff seine Frau Maria und Töchterchen Margarete nach Ulm.

Für Margarete jedoch war nicht eine mögliche Heilung das Aufregende an dieser »Reise«, sondern daß es ausgerechnet ihr, der Gelähmten, als erstem Kind aus der Ledergasse vergönnt sein sollte, eine solche Reise zu unternehmen. Die anderen Kinder, die Margaretes Lähmung bisher eher als Hindernis für mögliche Abenteuer gesehen hatten, hätten in diesem Moment sogar gern mit ihr getauscht.

Wie zu Hause in Giengen, so eroberte Margarete auch in der Postkutsche im Nu die Herzen der Mitreisenden. Von allen Seiten wurde das Kind mit Gutsle und anderen Leckereien verwöhnt.

In Ulm herrschte zu jener Zeit strenger Winter, und es lag Schnee. Keine allzu guten Voraussetzungen, um von der Endstation der Postkutsche zur Praxis des Arztes zu gelangen. Immerhin mußte Frau Steiff ihr Töchterchen tragen. Die Sorge der Mutter, daß der Weg beschwerlich werden würde, war unbegründet, denn kaum hatten Mutter und Tochter die Postkutsche verlassen, boten vorbeikommende Kinder an, Margarete auf ihrem Schlitten zur Praxis des Arztes zu ziehen. Maria Steiff war erleichtert.

Im vollen Wartezimmer des weithin geschätzten Arztes durfte die Mutter noch einmal Hoffnung schöpfen: Ihr wurde ein Junge gezeigt, der – bis vor wenigen Monaten noch gelähmt – jetzt die Stufen zum ersten Stock alleine hinaufsteigen konnte. Doch diese Hoffnung sollte sich für Margarete nicht erfüllen.

Der Arzt nahm sich viel Zeit für das kleine Mädchen, untersuchte sie eingehend, prüfte die Leistungsfähigkeit der Muskeln und tastete mehrmals die Wirbelsäule ab. Doch am Ende stand die niederschmetternde Diagnose: »Kinderlähmung«. Bis heute gibt es kein probates Mittel gegen die bereits ausgebrochene Krankheit.

Der Arzt konnte der Mutter nur einen einzigen Rat mit auf den Heimweg geben: die Tochter, wann immer möglich, mit anderen Kindern spielen zu lassen und sie auf keinen Fall zu isolieren. Der Umgang mit Gleichaltrigen – so die Hoffnung des Arztes – würde dem unbeschwerten Kind seine Fröhlichkeit erhalten.

Als Maria Steiff, noch ganz benommen, das Haus des Arztes verließ, wartete kein Schlitten. Doch diesmal nahm die enttäuschte Mutter ihre schwere Last gern auf ihre Arme, als wollte sie der Tochter zeigen, daß sie bereit sei, die schwere Bürde ein Leben lang zu tragen.

Margarete selbst schien die Diagnose nicht sonderlich zu beunruhigen. In ihrem Tagebuch widmet sie dieser Reise nur wenige Zeilen. Und selbst die beschäftigen sich nicht mit ihrer unheilbaren Krankheit, sondern mit der für Margarete viel wichtigeren Tatsache, daß sie bei der anschließenden Rast im Gasthaus zur »Goldenen Gans« eine *ganze* knusprige Bratwurst bekam. So etwas hatte es bisher noch nie gegeben.

Nach der Rückkehr aus Ulm ging die Mutter daran, die Ratschläge des Arztes in die Tat umzusetzen. Daher wurde beschlossen, Margarete gemeinsam mit ihren Altersgenossen zur Schule zu schicken. Ihre beiden älteren Schwestern fuhren sie jeden Morgen mit dem Rollstuhl zur Schule, und eine kräftige Frau, die das Haus neben der Schule bewohnte, versprach, das gelähmte Mädchen die Treppen im Schulhaus hinauf- und nach dem Unterricht wieder hinunterzutragen. Auch die Lehrer waren gerne bereit, die beliebte Schülerin von einem Klassenzimmer ins andere zu bringen.

Eigentlich hätte Margarete bei schlechtem Wetter gar nicht zur Schule gehen müssen, doch das begeisterte Schulmädchen Margarete wollte von diesem Privileg nichts wissen. Ihr Fleiß und ihre Wißbegierde zahlten sich aus. Sie gehörte zu den besten Schülern ihrer Klasse.

Als Margarete neun Jahre alt war, hatte Vater Friedrich Steiff wieder genügend Taler aufeinandergelegt, um noch einen anderen Arzt, den Leiter der Dr. Werner'schen Kinderheilstätte in Ludwigsburg, zu konsultieren. Mitten in der Nacht mußten Margarete und ihre Mutter in Giengen aufbrechen, um mit verschiedenen Verkehrsmitteln nach Ludwigsburg zu gelangen. Bei einem Zwischenaufenthalt in Söhnstetten, so erinnert sich Margarete später in ihrem Tagebuch, ließ sie ihre kostbare neue Haarschleife liegen, die immerhin zwölf Kreuzer gekostet hatte: »Solchen Staat habe ich nie wieder bekommen.«

Margarete wurde von dem damals berühmten Ludwigsburger Arzt nicht nur untersucht, sie durfte sogar für viele Wochen Gast bei Familie Werner sein. Während es die Mutter zu Hause gar nicht gerne sah, wenn Margarete im Haus herumrutschte, weil sie dabei ihre Kleider ruinierte, ließ man die kleine Patientin im fernen Ludwigsburg gewähren:

»Man hatte mir bei Werner's das Rutschen nicht so sehr verboten wie zu Hause und somit gingen die Röcke zugrunde.«

Es war daher nicht verwunderlich, daß Frau Werner schon bald einen Brief nach Giengen schicken mußte, in dem sie um neue Kleider für Margarete bat.

Um die Lähmung vielleicht doch wieder beheben zu können, wurde Margarete von Dr. Werner sogar operiert. Zwei Sehnenschnitte und ein Gipsverband sollten das linke Bein begradigen. Die Operation

Teddybär, schwarz, Replica 1912
LEO Löwe, Replica 1956
Musik Bär, gelb, Replica 1928
Leopard, Replica 1953

brachte jedoch nicht den gewünschten Erfolg. Doch
Dr. Werner gab auch nach diesem Rückschlag nicht
auf. Er schickte Margarete gemeinsam mit anderen
Kindern zur Kur in die warmen Quellen Wildbads.
Die lange Fahrt nutzte die Frau des Kinderarztes, um
Margaretes vom Rutschen zerrissene Kleider notdürftig zu flicken, bis Maria Steiff abgelegte Kleidungsstücke einer Base nach Wildbad schicken
konnte. Und auch die waren bald wieder zerschlis-
sen, weil Margarete unbedingt, natürlich auf Knien,
mit den anderen Kindern Verstecken spielen wollte.

»Zum Bad ins Katharinenstift wurden wir durch
einige Wärterinnen auf einem mehrsitzigen Wagen
gefahren. Das war dann eine Wonne, in einem
großen Raum, den Boden mit einer dicken Sand-
schicht belegt, das warme Wasser aus dem Boden
herausprudelnd, zu baden. Da im Wasser die Bewe-
gungen so leicht sind, so spielten wir »Schneider leih
mir deine Scher«, und zwar zum großen Verdruß der
Badefrau, denn wir wühlten den Sand zu sehr auf.

Am Samstag badeten auch die mit den Wunden
mit uns, auch einige alte Weiber dabei. Da war es
lange nicht so lustig wie sonst. Nachmittags wurden
wir in die Anlagen gefahren, wo mir das schöne Farn-
kraut und die schönen Tannen großen Eindruck
machten. Einmal fuhren die Wärterinnen etwas zu

rasch zum Hof hinaus, wo eine ziemlich tiefe Hülbe mit schmutzigem Wasser war. Der Wagen fiel um, und wir acht bis zehn Kinder stürzten kopfüber ins Wasser. Ich hatte eine Maschine am Fuß und kam recht nach unten, dem Gesetz der Schwere folgend. Da schnelle Hilfe zur Hand war, kamen wir mit dem Schrecken davon. Wir wurden gleich ins Bett gesteckt und bekamen von allen Seiten Leckerbissen und waren einige Tage die wichtigsten Leute in Wildbad.«

Die Tage in Wildbad waren kurzweilig. Außer dem regelmäßigen Bad standen für die Kinder auch Schulunterricht und Andachten auf dem Programm. Dr. Werners Tochter Maria erteilte sogar Englisch-Unterricht. Zu Margaretes Bedauern konnte sie diesen Unterricht in Giengen nicht fortsetzen, »und dachte auch kein Mensch, daß die Gret das Englische einmal so nötig brauchen könnte«.

Margarete genoß die Sommerwochen in vollen Zügen und spürte keinerlei Heimweh, auch wenn sie oft an ihre Familie dachte. Im Geiste freute sie sich schon darauf, die vielen neuen Spiele und Lieder vor den Kindern der Ledergasse »auszupacken«.

Zwei Sommer verbrachte Margarete Steiff in Ludwigsburg und Wildbad. Als ihre Mutter sich nach dem ersten Aufenthalt aufmachte, um ihre Tochter bei den Werners abzuholen, stellte sie sich vor, wie schön es wäre, wenn ihre Tochter ihr entgegengehen könnte. Doch das schöne Wunschbild wurde schnell zerstört, als Margarete ihr zur Begrüßung mühsam die Arme entgegenstreckte und »Mutterle« rief, fast als wolle sie sich dafür entschuldigen, daß sie noch immer auf den Rollstuhl angewiesen war. In diesem Moment galt die Sorge Frau Steiffs weniger der Tochter, als vielmehr ihrem Ehemann und dessen Enttäuschung über die »unnötige« Geldausgabe für den Kuraufenthalt der Tochter.

Im Sommer 1857 fuhr Margarete ein zweites Mal nach Ludwigsburg und Wildbad. Diesmal brachte sie nicht die Mutter, sondern Tante Appolonia nach Ludwigsburg, worüber Margarete sehr verärgert war.

»Da ich bisher nur gewohnt war, daß meine Mutter mich trug, so war es mir sehr unangenehm, daß die liebe Tante irgend einen Dienstmann anrief, der mich tragen sollte, Tante konnte es nämlich gar nicht verschnaufen. Aber Kinder sind anspruchsvoll; und ich war tief beleidigt. Zum Glück hat es niemand bemerkt und ich bin der Tante heute noch dankbar, daß sie damals meinen Eltern die Reise ersparte.«

Auch im zweiten Sommer genoß Margarete den Aufenthalt in Ludwigsburg: »Bei Werner's war es wieder schöner als zuvor.« Margarete kam sehr erholt zurück, jedoch »die Glieder hatten sich nicht im mindesten gebessert«.

Zwar hatte sich am Gesundheitszustand des Mädchens nichts geändert, wohl aber war in dieser Zeit aus dem faszinierenden Persönchen eine Persönlichkeit geworden. Das zeigte sich zum Beispiel an ihrem energischen Bemühen, die durch die Aufenthalte in Wildbad entstandenen Rückstände in der Schule und im Konfirmandenunterricht aufzuholen. Sie gönnte sich dabei kaum eine Pause. Lieber ließ sie sich von zu Hause eine Suppe in die Schule bringen, damit sie zwischen Vor- und Nachmittagsunterricht ja keine Zeit für unnötige Wegstrecken aufwenden mußte und in der Zeit lernen konnte. Es soll sogar vorgekommen sein, daß Margarete ganz auf ihr Mittagessen verzichtete, um möglichst schnell wieder das Klassenniveau zu erreichen.

Erst als alle Rückstände in der Schule und im Konfirmandenunterricht aufgeholt waren, wagte das Mädchen ihren Vater zu bitten, nach der Konfirmation eine Nähschule besuchen zu dürfen.

Der Vater verstand seine Tochter nur zu gut. Schließlich schien sie das Interesse an allem Handwerklichen von ihm geerbt zu haben. Dennoch hatte er Bedenken. Ihm war bewußt, daß seine Tochter mit einem gelähmten und einem schwachen Arm in einer Nähschule, in der es auf handwerkliche Geschick-

lichkeit ankam, gewiß nicht mit den anderen Mädchen würde mithalten können. Gerne wollte er ihr
eine Enttäuschung ersparen. Doch das junge Mädchen schien zu wissen, worauf es sich einließ: »Ich tu
halt langsam, Vater. Ich habe doch so viel Zeit.« Der
Vater ließ sich überreden, und so durfte Margarete
noch vor der Konfirmation die Nähschule von Frau
Schelling besuchen.

»Bei Frau Schelling konnte man alles lernen;
Weiß- und Kleidernähen, Stricken, Häkeln, Sticken
und alle Modearbeiten. Es ging nicht nach System
und Schablone, aber gelernt wurde und fertigge-
bracht.«

Für Margarete begann eine anstrengende Zeit:
Dem Vormittagsunterricht schloß sich nahtlos die
Konfirmandenstunde an. Nach kurzer Pause folgte
der Nachmittagsunterricht und im direkten Anschluß
daran die Nähschule.

Marie und Pauline, die beiden älteren Schwestern,
waren schon länger Schülerinnen der Nähschule und
waren zunächst ganz und gar nicht begeistert, daß
Margarete nun auch mitgehen sollte. Oft mußten sie
ihre eigenen Näharbeiten beiseitelegen, um für die
behinderte Schwester einzufädeln oder Stoff zu-
rechtzuschieben.

Die handwerklichen Fähigkeiten Margaretes stießen an ihre Grenzen: Der gelähmte rechte Arm war die Anstrengungen nicht gewöhnt, und der linken Hand fehlte es an Geschick.

»Meinen beiden Schwestern habe ich viel Kummer gemacht, die waren so fleißig und geschickt, während ich alles verkehrt anfaßte. Sie hatten schon die Hoffnung aufgegeben, daß ich je etwas Ordentliches im Nähen fertigbrachte, bis mir endlich der Ernst doch gekommen ist. Das Nähen ist mir aber auch sehr schwer gefallen. Der rechte Arm tat mir bei geringer Anstrengung weh und links hatte ich gar kein Geschick.«

Um ihren Schwestern und der Leiterin der Nähschule nicht gar zu sehr zur Last zu fallen, griff Margarete immer wieder zur ungeliebten Häkelnadel. Dabei fand sie eigentlich viel mehr Gefallen an allen möglichen Filzarbeiten . . .

Auch wenn Margarete anfangs noch Arbeiten ablieferte, die nicht so sauber gefertigt waren wie die ihrer Mitschülerinnen, so war sie unangefochten die beste Geschichtenerzählerin. Damit trug sie dazu bei, daß den anderen Mädchen die Arbeit leichter von der Hand ging. Aber Margarete gab nicht auf. Ihrer körperlichen Beeinträchtigung zum Trotz schaffte sie es, nach einigen Jahren in der Nähschule zur perfekten Schneiderin zu werden.

Während sich Margarete weiterhin unbekümmert ihren Näharbeiten widmete, lernten ihre beiden älteren Schwestern bereits den Ernst des Lebens kennen. Nicht zuletzt, um Margarete in Zeiten ohne Kranken- und Sozialversicherung doch noch einmal eine Kur finanzieren zu können, mußten Marie und Pauline schon früh bei fremden Familien »in Stellung« gehen. Pauline war gleich nach ihrer Konfirmation zur Familie eines Bezirksdirektors nach Augsburg gekommen, wo sie das Sparen noch gründlicher lernte, als sie es von zu Hause kannte, und Marie war ebenfalls nach ihrer Konfirmation als Kindermädchen zu einer Richtersfamilie nach Neresheim geschickt worden. Erst nach zwei Jahren durfte die »brävste« der Schwestern zur Konfirmation Margaretes wieder nach Giengen kommen.

Nun, da beide Schwestern aus dem Haus waren, mußte die gesundheitlich angeschlagene Mutter ganz alleine für Margarete sorgen. Maria Steiff litt unter offenen Beinen und war mit dem Steiff'schen Geschäftshaushalt und der Pflege ihrer Tochter völlig überfordert. Schon gegen sieben Uhr am Abend brachte Maria Steiff das junge Mädchen zu Bett, um dann selbst schlafen zu gehen und so neue Kräfte für den nächsten Tag zu sammeln. Das ärgerte Margarete, vor allem in der warmen Jahreszeit, wenn sich an den langen Abenden ihre Freundinnen zu Spaziergängen trafen oder beisammen saßen, um zu singen. Es dauerte nicht lange, da hatte Margarete die Freundinnen überredet, sie im Rollstuhl zu den »Mondscheinpromenaden« mitzunehmen und später, wenn die Mutter längst schlief, zu Bett zu bringen.

Es sollte aber nicht bei den »Mondscheinpromenaden« bleiben. Da Mutter Maria in den Augen Margaretes ohnehin kein Verständnis für Vergnügen und Zerstreuung hatte, sorgte das junge Mädchen an den arbeitsfreien Sonntagen selbst für Vergnügen und Erholung. Über das schwierige Verhältnis zur Mutter und deren Einstellung zu Freizeit und Vergnügen schreibt Margarete in ihr Tagebuch:

»So mußte ich mir eigentlich alles erkämpfen, denn die Mutter war entschiedene Feindin von jedem Vergnügen und jeder Erholung. Das stand einfach nicht in ihrem Wörterbuch, nur arbeiten und wieder arbeiten.

Ich bin ihr zwar heute recht von Herzen dankbar, daß sie uns Arbeit und Genügsamkeit gelehrt hat und daß sie mich nicht verwöhnte, wie so häufig Mütter ihre leidenden Kinder verwöhnen und verzärteln.

Ich war nie so brav und folgsam wie meine Schwestern, es hieß oft ›die böse Gret‹. Einmal doch zur

Schulzeit war meine Mutter gar nicht mit meiner Arbeit zufrieden und ich hatte doch fleißig gehäkelt. Da rührte ich zwei Tage keine Arbeit mehr an, sagend, wenn das nicht genug ist, schaff ich gar nichts mehr. Das hörte natürlich bald auf, denn die Mutter wurde schon fertig mit uns.«

So verpflichtete Margarete an den Sonntagen kurzerhand die Mädchen und Jungen ihres Alters, sie mit zum Bergwald zu nehmen. Die kräftigen Jungen schoben das schwere Gefährt den Hang hinauf und ließen es später in schneller Fahrt wieder den Abhang hinunterrollen. Margarete war keineswegs ängstlich und genoß die schwungvolle Abfahrt.

Doch einmal hatte der Übermut schlimme Folgen. Einer der Jungen, die Margaretes Rollstuhl hielten, stolperte, und der andere kümmerte sich instinktiv um seinen stürzenden Freund, statt den Wagen festzuhalten. So nahm das Unglück seinen Lauf: Der Rollstuhl machte sich selbständig und raste den steilen Abhang hinunter. An einer Weggabelung überschlug er sich, und Margarete wurde herausgeschleudert. Die herbeistürzenden jungen Leute rechneten schon mit dem Schlimmsten, denn ihre Freundin lag totenbleich und regungslos neben dem Rollstuhl.

Glücklicherweise war Margarete nur für kurze Zeit ohnmächtig, doch hatte sie sich beim Sturz ein Bein

Margarete Steiff als junges Mädchen

gebrochen. Ein gesunder Mensch hätte sich davon schnell wieder erholt, doch für die gelähmte Margarete bedeutete es, viele Wochen unter großen Schmerzen das Bett hüten zu müssen. Außerdem war die überaus gesellige, lebensfrohe Margarete Steiff jetzt isoliert und einsam. Es war ihre eigene Mutter, die ihr drastisch klarmachte, daß ein solcher Lebenswandel ein krankes junges Mädchen zwangsläufig ins Unglück führen müsse: »Warum willst du einfach nicht begreifen, daß dein Weg ein anderer sein muß?«

Der Unfall und die darauf folgende Zwangspause wurde zu einem prägenden Ereignis für Margarete. Als nämlich der Bruch ausgeheilt war und Vater Steiff seine Tochter noch einmal zur Kur schicken wollte, machte die ihrem Vater unmißverständlich klar, daß sie nirgendwohin mehr zur Kur fahren werde. Margarete war damals siebzehn Jahre alt und hatte endgültig genug davon, in immer neue Arzneimittel und Heilmethoden Hoffnungen zu setzen, um dann doch ein um's andere Mal bitter enttäuscht zu werden:

»Es war ein langes Suchen nach Heilung, bis ich mir selbst sagte, Gott hat es so für mich bestimmt, daß ich nicht gehen kann. Es muß auch so recht sein. Von da an ließ ich mich durch keine angepriesenen Mittel oder Heilmethoden mehr aufregen, denn das unnütze Suchen nach Heilung läßt den Menschen nicht zur Ruhe kommen.«

Diese Einsicht bedeutete für sie eine ungeheure Erleichterung. Befreit von der ewigen Sorge, ob denn die nächste Behandlung Besserung bringen würde, konnte sie nun darangehen, ihr Leben in die Hand zu nehmen und nach eigenen Vorstellungen zu gestalten.

»Dann näh' ich eben andersrum!«

Schon lange war es ihr Herzenswunsch, Zither spielen zu lernen. Jetzt endlich konnte Margarete ihren Vater dazu überreden, sie unterrichten zu lassen. Herr Sautter, ein Musiker, der von Friedrich Steiff sein Häuschen hatte umbauen lassen, aber die Arbeiten nicht bezahlen konnte, wurde verpflichtet, eine Zither für das Mädchen zu besorgen und seine Schulden in Form von Zitherstunden für Tochter Margarete abzubezahlen.

Wie schon in der Nähstube lagen anfangs Wunsch und Wirklichkeit weit auseinander. Einmal mehr mußte die ehrgeizige Schülerin spüren, daß ihre Finger viel Übung brauchten, um die metallenen Saiten kräftig hinunterzudrücken. Nach den ersten kläglichen Versuchen prophezeite sie jedoch ihrer Familie entschlossen: »Ich werde es lernen!«

Mit der schon oft unter Beweis gestellten Energie übte sie unverdrossen jeden Tag mehrere Stunden lang. Und an einem Frühsommermorgen, es war Mutters Geburtstag, trauten die Familienmitglieder ihren Ohren nicht: Margarete spielte zu Ehren ihrer Mutter den ersten, heimlich einstudierten Choral. Von nun an war Margarete nicht mehr nur beim Ge-

Margarete Steiff unterhält ihre Familie mit Zithermusik

schichtenerzählen umringt, jetzt lauschten alle ihrem Zitherspiel, das immer besser wurde. Margarete war jedoch nicht damit zufrieden, nur eine gute Zitherspielerin zu sein. Ein hartes Übungsprogramm brachte sie schließlich so weit, selbst Zitherstunden geben zu können, die sogar mehr Geld einbrachten als ihre mühevoll gefertigten Handarbeiten.

Da Margarete recht anspruchslos war und jeden erarbeiteten Kreuzer sparte, konnten sich Margarete, Marie und Pauline – die mittlerweile wieder nach Hause zurückgekehrt waren und im elterlichen Haus ein Hutmachergeschäft eröffnet hatten – bald eine Nähmaschine leisten.

Margarete war froh, daß endlich eine Maschine die für ihre Arme so beschwerliche Arbeit übernehmen konnte. Doch schon der erste Test des neuen Gerätes zeigte: Dem gelähmten rechten Arm fehlte es an Kraft, das Schwungrad zu drehen. Doch Margarete wäre nicht Margarete gewesen, wenn ihr in dieser Situation nicht etwas eingefallen wäre. »Dann näh' ich eben andersrum!« kündigte sie ohne große Umschweife an. Und der Versuch gelang. Schon nach einigen Tagen konnte der linke Arm das Rad bewegen, und die gelähmte rechte Hand hatte gelernt, den Stoff durch die Maschine zu führen. »Ihr Können und ihr Mut sind größer als ihre Behinderung«, lobte Vater Steiff seine Tochter.

»Nun ging es an ein strenges Arbeiten. Auf die Festzeiten hatten wir sehr viel zu tun und hörten oft den Jonathan oder den Ensle die Mitternachtsstunde ausrufen, oder unsere Glocke hat zwei Uhr geschlagen. Einmal an einem Pfingstfest gingen wir morgens um sechs Uhr ins Bett. Schwester Marie konnte nicht so lange aufbleiben, daher früher aufstehen, und sie hat auch die Hausgeschäfte besorgt. Mir hat das viele Nähen und Arbeiten nichts geschadet, aber Pauline hat ihre Gesundheit dadurch ruiniert.«

Doch bald war Margarete wieder die einzige Tochter im Elternhaus in der Giengener Ledergasse. Ihre Schwester Pauline heiratete und folgte ihrem Mann zunächst nach Österreich und dann nach Schweden, bevor das Ehepaar 1873 nach Deutschland zurückkehrte und in Gelsenkirchen lebte. Im gleichen Jahr verlobte sich auch die älteste Schwester Marie, die nach ihrer Heirat mit ihrem Mann in Giengen ein eigenes Geschäft gründete.

Als Maria und Pauline aus der Werkstatt ausschieden, stellte Margarete fremde Hilfskräfte ein. In dieser Zeit nahm sich Margaretes Tante, Appolonia Haehnle, des jungen Mädchens an. Im Hause Haehnle mußten Aussteuern für die vier Söhne und die Tochter genäht werden. Mehrere Monate lang war Margarete bei den Haehnles, um – selbstverständlich gegen Bezahlung – unendlich viele Namen auf die Tisch- und Bettwäsche aus Damast zu sticken.

»Nachdem man mich bei der Tante nicht mehr nötig brauchte, entdeckte mich Frau Stadtpfarrer Groß. Unternehmend, wie sie war, ließ sie mich alle Tage holen, und ich durfte die Aussteuer der Tochter Tusnelde machen helfen. Es war mir ganz neu, in einer fremden Familie zu sein und brachte mir viel Genuß und Anregung.

Daneben gab ich Zitherstunden und mußte deshalb an bestimmten Tagen nach Hause. Ich war sehr waghalsig und gar nicht ängstlich im Fahren und ließ mich an einem Mittwoch von Paul Groß heimfahren. Derselbe durfte sich mit meiner Erlaubnis hinten auf meinen Wagen stellen, so sauste das Fuhrwerk an der Stadtpfarrei an, am ›Rössle‹ vorbei, die niedere Gasse hinunter. Unten ereilte jedoch mich die Strafe für meine Frechheit, der Wagen stürzte um, ich fiel heraus und brach den linken, vorher ganz lahmen Fuß, auch das Gesicht hatte ich stark verfallen. Die Leute, welche mich aufhoben, machten mir gewaltige Vorwürfe: ›So hat's kommen müssen, du läßt dir ja nichts sagen!‹

Allerdings hatte man mich schon oft gewarnt, besonders auch Tante Ursche, aber es war halt so schön, auch einmal schnell vorwärts zu kommen. Überdies hatte es mein Bruder schon oft so gemacht die Steigen herunter, daß er sich hinten aufgestellt hatte, er hatte aber das Fuhrwerk besser in der Gewalt als der kleine Bube. Von da an bin ich nimmer so gefahren und beklagte sich Freund Spiess öfter, daß man mit mir keinen Galopp mehr anschlagen dürfte. Ich hatte ordentlich Schmerzen auszustehen. Als ich wieder genesen war, konnte ich meine Arbeit im Pfarrhaus wieder aufnehmen und zu Ende führen.«

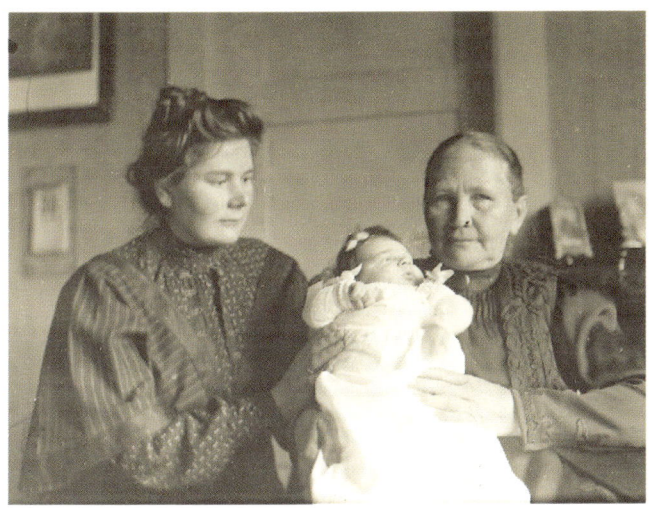

Eva Köpff, geb. Steiff, mit ihrem ersten Kind Margarete
und »Tante« Margarete Steiff

Das Können der Steiff-Tochter sprach sich mehr und mehr herum, der Kundenstamm Margaretes wuchs beständig. Oft wurde sie damit beauftragt, moderne Kleider zu nähen, »habe es aber nie gerne getan. Desto lieber machte ich Kinderkleider.« Ein Onkel, der ebenfalls in Giengen wohnte, stellte in dieser Zeit Filz her, aus dem Margarete und ihre Hilfskräfte Frauenunterröcke und Kindermäntel nähten.

Während Margaretes Werkstatt unter dem Dach

des Elternhauses auf Hochtouren produzierte, kam Schwester Maria mit ihrem ersten und wenig später mit ihrem zweiten Kind zu Besuch ins Elternhaus. Margarete war entzückt von den kleinen Füßchen und Händchen und fühlte sich an jene Zeit erinnert, als sie selbst als kleines Mädchen im Leiterwagen saß und manchmal gleich mehrere Säuglinge in den Wagen gelegt bekam.

Auch Margaretes um ein Jahr jüngerer Bruder Friedrich, den sie liebevoll »Fritz« nannte, heiratete kurz nach seinen beiden Schwestern und verließ das Elternhaus. Jetzt war Margarete mit ihren Eltern allein. Da brachten die beiden Kinder ihrer Schwester bei ihren Besuchen willkommenen Trubel ins ruhig gewordene Haus.

Im Jahr 1879 erwartete Margaretes Schwester Marie ihr drittes Kind. Marie hatte diesmal eine schwere Geburt. Nach langem Kampf wurde das dritte Kind tot geboren. Tage und Nächte verbrachte die verzweifelte Mutter am Bett ihrer Tochter, versorgte daneben noch notdürftig den Haushalt und half im Geschäft aus. Margarete verzichtete in dieser Zeit gern zugunsten der geliebten Schwester auf die sonst üblichen Hilfeleistungen der Mutter.

In diesen Tagen, in denen Schwester Marie um ihr Leben kämpfte, bat Margarete nicht nur einmal, Gott möge sie statt ihrer zu sich nehmen – so sehr dachte sie an die Zukunft der beiden Kinder. Doch Marie starb wenige Tage später im Wochenbett.

Es war einsam und kalt geworden in und um Margarete. Aber dann stieß sie mit ihren Gedanken an den gleichen Punkt, der bereits in ihrem eigenen Schicksal zum Wendepunkt wurde: Sie konnte den Willen Gottes akzeptieren, der für den Lebensplan der Familie Steiff entschieden hatte, Margaretes um drei Jahre ältere Schwester Marie zu sich zu nehmen. Und als die Eltern nach durchwachter Nacht vom Sterbebett ihrer Tochter in die Ledergasse heimkehrten, fanden sie Trost bei Margarete.

»Der Mensch treibt just am gernsten . . .«

Wie schon in ihrer Kindheit und Jugend, als Margarete es immer wieder schaffte, trotz Rollstuhl mit dabei zu sein, so schreckte die Steiff-Tochter auch als junge Frau nicht davor zurück, mit Freunden, aber auch allein, auf Reisen zu gehen. Sie berief sich dabei auf ein altes Sprichwort: »Der Mensch treibt just das am gernsten, wozu er am wenigsten Beruf hat.« Getreu diesem Motto machte sie sich auf den Weg.

Die erste »Reise« führte Margarete nach Geislingen, wo sie schöne Tage mit Bekannten verlebte. Selbstverständlich war diese wie alle folgenden Reisen nur dadurch möglich, daß es sowohl unterwegs als auch am Ziel immer helfende Hände und Arme gab, die bereit waren, die junge Frau, ihr Gepäck und den Rollstuhl zu verladen. »Bei meiner bekannten Unverfrorenheit nahm ich alles, was man für mich tat, zwar mit großem Dank, jedoch als ganz selbstverständlich hin.« Und sie hatte nie Not, »es fehlte mir niemals an hilfreichen Freunden und Freundinnen«.

Eine andere Reise führte sie von der Brenz an den Neckar. Diesmal war sie mit ihrer Cousine und deren Mann, Adolf Glatz, unterwegs. Margarete hatte sich mit der Familie angefreundet und genoß den Umgang

Margarete Steiff mit ihrem Neffen Paul Steiff und Lotte Mayer

mit den beiden vor allem deshalb so sehr, weil in deren Alltag viel Platz war für unbeschwerte Fröhlichkeit und die Lebensfreude, die Margarete in ihrem Elternhaus so sehr vermißte: »Das waren ganz andere Leute als man in unserer Familie gewohnt war, wo man immer nur Sorgen und Arbeit hatte und sich kaum seines Lebens freuen durfte.«

Da die bisherigen Reisen ganz unproblematisch verliefen, wagte sich die junge Frau nun auch alleine nach Stuttgart, das ihr – gemessen an Giengener Verhältnissen – riesig erschien. Doch diesmal gab es bei der Ankunft Probleme, denn der Brief, mit dem sich Margarete bei einer Bekannten ankündigen wollte, hatte für seine Reise länger gebraucht als die Reisende selbst. Und da Frau Vollherbst, bei der Margarete Steiff sich für einige Zeit einquartieren wollte, von der Besucherin nichts wußte, konnte sie diese auch nicht abholen. Doch Margarete ließ sich davon nicht beirren, rief kurzerhand einen Dienstmann und bat ihn, sie zum Haus der Dame zu kutschieren. Diese staunte nicht schlecht, als Margarete so unerwartet vor ihrer Tür stand. In den folgenden Wochen erkundete die junge Frau im Rollstuhl die große Stadt mit ihren Sehenswürdigkeiten.

Ein anderes Mal war Hochberg und das dortige Haus der Pfarrfamilie Elwert Margaretes Ziel. Wieder wurde der Rollstuhl auf die Postkutsche verladen. Im Pfarrhaus, wo die behinderte junge Frau ganz besonders freundlich aufgenommen wurde, lernte Margarete Steiff Freifräulein von Hügel kennen, die spätere Gräfin Beroldingen. Diese schätzte Margaretes Arbeit sehr, daher durfte Margarete auch später, als die Gräfin Kinder hatte, jedes Jahr für die Jungen neue Filzmäntelchen nähen.

Einige Wochen lang war Margarete Steiff bei der Frau des Ludwigsburger Stadtpfarrers zu Gast. Stolz berichtet Margarete ihrem Tagebuch vom Ausflug nach Monrepos, wo sie sogar auf dem See des Parks Boot fahren konnte.

Die Tatsache, daß die Wohnung der Frau Kriegsrat Landbeck im obersten Stockwerk lag und das Hausmädchen die Besucherin die vielen Treppen hinauf- und wieder hinuntertragen mußte, hielt Margarete nicht von einem längeren Besuch bei ihr ab. Sie blieb diesmal immerhin sechs Wochen. »Es war ein Glück, daß ich zu der Zeit sehr leicht war«, kommentiert Margarete in ihrem Tagebuch.

Auch Augsburg und Ulm gehörten zu ihren Reisezielen. 1887 feierte Nichte Paula in Augsburg ihre Konfirmation – da durfte Tante Margarete natürlich nicht fehlen. In Ulm hatte sie gleich mehrere befreundete Familien, die sie immer wieder besuchte.

Als Familie Glatz, bei der Margarete Steiff schon in Neckarsulm zu Besuch war, nach Hörbranz in der Nähe von Lindau versetzt wurde, lernte sie im Alter von dreiunddreißig Jahren auch den Bodensee kennen. Der See war nach dem strengen Winter noch zugefroren, so daß kein Schiffsverkehr möglich war. So genoß Margarete die unzähligen Kutschfahrten, den Blick auf den See und die Berge, die sie bisher noch nicht gekannt hatte.

Ebenfalls am Bodensee war Margarete Steiff auch immer wieder – halb beruflich, halb als Sommerfrischlerin – im herrlichen Landhaus einer vermögenden Familie zu Gast. Einige Wochen lang nähte sie dort für die ganze Familie und wurde zum Dank verwöhnt.

So kehrte die junge Frau jeden Sommer für einige Wochen dem heimatlichen Giengen und ihrer im März 1877 gegründeten Werkstatt den Rücken. Wie sie es schon immer verstand, der harten Arbeit in vertretbarem Maß Vergnügen und Erholung entgegenzusetzen, machte sie sich auch keine Gedanken darüber, auf wie viele Aufträge sie in diesen Wochen verzichtete. Wichtiger war der jungen Unternehmerin, sich nach den Wochen in der Sommerfrische wieder ausgeruht und zufrieden an ihre Nähmaschine setzen zu können, um Unterröcke, Kinderkleider, Röcke und Mäntel in gewohnt guter Qualität herzustellen.

Die Jung-Unternehmerin

Grundsteine für ihr erfolgreiches Lebenswerk hat Margarete Steiff bereits in jungen Jahren gelegt. Ihr Wesen, ihre Persönlichkeit, ihr Umgang mit anderen Menschen, ihr Ehrgeiz, ihr Mut und die Unverzagtheit, mit der sie ungeachtet ihres Leidens immer neue Ziele in Angriff nahm, bildeten zusammen ein solides Fundament, das im Laufe der Jahrzehnte nicht nur von persönlichem, sondern auch von wirtschaftlichem Erfolg gekrönt war.

Die Grundlage für den wirtschaftlichen Erfolg wurde im Jahr 1877 gelegt. Damals hatte Adolf Glatz – ein angeheirateter Vetter – Margarete dazu überredet, aus der einfachen Schneiderwerkstätte für Kleidungsstücke und Aussteuerwäsche eine Filzkonfektionsfirma zu machen, die vertraglich abgesicherte Geschäftsverbindungen weit über den privaten Kundenkreis hinaus unterhalten würde. Mit allerlei Handarbeiten und Zitherstunden hatte sich Margarete Steiff ein ansehnliches Polster an Ersparnissen erarbeitet, das nun den finanziellen Grundstock für die eigene Firma bilden sollte.

Tante Appolonia Haehnle, die sich bereits vom schneiderischen Können ihrer Nichte hatte überzeugen können, unterstützte das Werk der Nichte, auch finanziell.

»Seit der Zeit des Entstehens der Filzfabrik war ich aufs innigste damit verbunden. Meine Tante Appolonia, welche mit Begeisterung auf die Gründung eingegangen war, teilte uns stets ihre Sorgen und Kämpfe mit. Es war ein schwerer Anfang und überstieg fast die Kapitalkräfte der Familie Haehnle, aber mit zäher Ausdauer und unermüdlichem Fleiß kam das Werk doch zustande.«

Zunächst arbeiteten Margarete und ihre Näherinnen ausschließlich für die Stuttgarter Firma Siegle. Damals kamen gerade Filzunterröcke in Mode, die in Giengen in großer Stückzahl genäht wurden. Die Jung-Unternehmerin konnte gleich im ersten Geschäftsjahr unerwartete Erfolge verbuchen. Es gingen so viele Aufträge ein, daß Margarete Steiff schon bald nach Gründung des Geschäftes guten Gewissens Kolleginnen für die erste Näherin, Katharine Schnapper, suchen konnte. In den Geschäftsbüchern von damals ist festgehalten, daß schon im ersten Jahr Filz im Wert von mehr als 3000 Goldmark verarbeitet wurde.

Die junge Firmenchefin wußte aber auch, was man seiner über Jahre treuen Privatkundschaft schuldig war, und lieferte deshalb nicht nur Unterröcke ins

Margarete Steiff mit ihren ersten Näherinnen vor der
»Filz-Handlung« um 1895

ferne Stuttgart, sondern stattete nach wie vor ihre
Cousinen und Freundinnen sowie deren Kinder mit
Garderobe aller Art aus. Mittlerweile war auch die
Qualität des Filzstoffes wesentlich verbessert wor-
den, so daß daraus problemlos Röcke, Kleider und
Mäntel gefertigt werden konnten.

Die ersten Näherinnen Margaretes waren für die
Jung-Unternehmerin nicht nur »Angestellte«, sie
fühlte sich für diese Frauen verantwortlich, die an
den Nähmaschinen das spärliche Familieneinkom-
men aufbesserten. Viele Familien auf der Schwäbischen Alb lebten zu dieser Zeit an der Armutsgrenze,

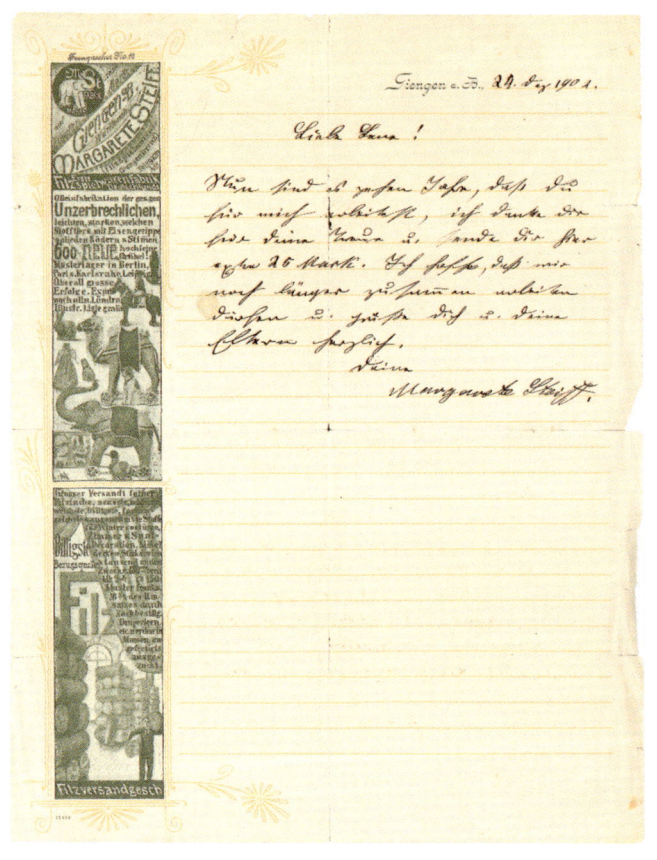

Giengen a. B., 24. Dez. 1902

Liebe Lene!

nun sind es zehn Jahre, daß Du für mich arbeitest, ich danke Dir
für Deine Treue und sende Dir hier extra 25 Mark. Ich hoffe, daß
wir noch länger zusammenarbeiten dürfen und grüße Dich und
Deine Eltern herzlich.

Deine Margarete Steiff

viele verheiratete Frauen und Mütter mußten dazuverdienen, um die Familie durchzubringen.

Die »Chefin« schaute nicht allein auf die Qualität der Arbeit ihrer Angestellten, sie wußte auch über die jeweiligen Familienverhältnisse Bescheid sowie über die besonderen Sorgen und Nöte der Näherinnen. Und Margarete Steiff war für die Frauen ein persönliches Vorbild, denn sie lebte ihren Näherinnen täglich vor, wie man mit Schicksalsschlägen fertigwerden konnte.

Margarete Steiff wußte auch, wenn sich die Familie einer Näherin nicht mehr aus eigener Kraft aus einer Notsituation retten konnte. In solchen Fällen griff die junge Unternehmerin kurzerhand in die Firmenkasse, um der betroffenen Familie mit Geld über die Runden zu helfen. Dieses beiderseitige Vertrauensverhältnis machte es möglich, daß Margarete Steiff immer wieder guten Gewissens für mehrere Wochen auf Reisen gehen konnte.

Von der Ledergasse in die Welt

Das Elternhaus Margarete Steiffs in der Ledergasse war die Wiege der 1877 gegründeten Firma. Der stetig wachsende Kundenstamm machte es jedoch nötig, daß immer mehr Näherinnen helfen mußten, der steigenden Zahl von Aufträgen nachzukommen.

Gründungshaus der Filz-Spielwarenfabrik 1889

Die Räumlichkeiten in dem kleinen Häuschen reichten bald nicht mehr aus. Noch enger wurde es, als Margaretes Bruder Fritz im elterlichen Haus in der Ledergasse seinen Hausstand gründete. Dies war der Zeitpunkt, an dem Margarete an einen eigenen Firmensitz denken mußte.

Unweit des Elternhauses baute Fritz, der die Baugewerkschule besucht und den väterlichen Betrieb übernommen hatte, eine Badeanstalt nach und nach zu einem Geschäftshaus für die Firma seiner Schwester um. Zunächst wurde das Bad von Großvater Bartholomäus Haehnle und dessen Tochter, Tante Ursche, noch weitergeführt, aber bald schon mußten die Badeeinrichtungen den Nähmaschinen der Firma Steiff weichen. Tante Ursche verarbeitete nebenher die Filzreste und flocht sehr dauerhafte Teppiche daraus. Im oberen Stockwerk des Hauses gab es einen Erker, von dem aus Margarete einen schönen Blick auf das lebhafte Treiben ihres Heimatstädtchens hatte.

Jede freie Minute verbrachte Margarete mit den Söhnen ihres Bruders Fritz. Die sechs lebhaften Buben tollten zwischen den Nähmaschinen herum und brachten Lärm und Trubel in die Werkstatt. Doch Tante Margarete konnte ihren Neffen nicht böse sein. Kleine, lebhafte Kinder um sich zu haben, war ja schon immer ein Lebenselixier für Margarete gewe-

Stehaufbär, Replica 1894
LEO Löwe liegend, Replica 1955

sen. Dazu kam, daß sie eine besondere Gabe besaß, mit Kindern jeden Alters umzugehen. Das tägliche Leben mit ihren Neffen machte es ihr leichter, mit der Tatsache fertig zu werden, niemals eine Familie gründen und eigene Kinder bekommen zu können.

In dieser Zeit war oft die um einige Jahre jüngere Schwägerin ihres Bruders aus Heidenheim zu Gast bei Margarete Steiff. Johanna Röck, so hieß das junge Mädchen, fühlte sich sehr wohl im Hause Steiff, verbrachte immer mehr Zeit dort und wurde schließlich zu einer Art Lebenspartnerin für ihre behinderte Freundin. 1890 zog Johanna Röck zu Margarete und blieb bis zu deren letztem Lebenstag ihre engste Vertraute. Johanna Röck versorgte den Haushalt, pflegte ihre Freundin und sorgte auch an den Feierabenden und an den Wochenenden für Margaretes Wohl.

Es begann mit einem kleinen Filz-Elefanten . . .

Hätte man Margarete Steiff im Jahre 1880 bei der Rückkehr von ihrem fast fünfmonatigen Aufenthalt in Hörbranz am Bodensee gesagt, daß in ihrer Firma die längste Zeit Kleidungsstücke gefertigt worden seien und aus der Konfektionsfabrik bald eine Spielwarenfabrik werden würde, die junge Frau hätte wahrscheinlich nur laut gelacht. Und dabei sollte niemand anderes als sie selbst die Initialzündung zu diesem Wandel geben.

Beim Durchblättern einer Modezeitschrift fiel ihr das Modell eines etwa zehn Zentimeter großen Filz-Elefanten auf, der – verziert mit einer roten Schabracke auf dem Rücken – ein nicht nur praktisches, sondern auch hübsches Weihnachtsgeschenk für Kundinnen und Freundinnen werden sollte. An Filzresten fehlte es in der Werkstatt nicht, und so stellte Margarete Steiff nach der Zeitschriftenvorlage den ersten Filz-Elefanten her. Margarete verschenkte die ersten Exemplare des Nadelkissens zu Geburtstagen und erntete so viel Lob dafür, daß sie gleich daran ging, weitere Filz-Elefanten zuzuschneiden, zusammenzunähen, mit Schurwolle auszustopfen und bis Weihnachten in der Werkstatt zu verstecken.

Filz-Elefant als Nadelkissen, ein Geschenk für Schwägerin Anna Steiff. Auf dem Rücken sind die Buchstaben »AS« mit Nadeln eingesteckt.

Doch die Nadelkissen wurden in allen Familien nur kurze Zeit als solche verwendet. Als die Kinder der beschenkten Kundinnen und Freundinnen die Dickhäuter aus Filz und Schurwolle sahen, baten sie ihre Mütter, ihnen die drolligen Kerle zum Spielen zu überlassen. Ein Junge »belud« das Nadelkissen seiner Mutter sogar mit kleinen Hölzchen und ließ den Elefanten zum Lastentier werden – ganz so, wie er es auf dem Foto einer Missionszeitschrift, auf dem indische Lasten-Elefanten abgebildet waren, gesehen hatte.

»Zu dieser Zeit kam mir ein Muster von einem Elefanten in die Hände. Filz eignete sich sehr gut dazu, zur Ausfüllung wurde die schönste Scherwolle verwendet. Nun wurden die Kinder der Familie damit beschenkt und Proben gemacht von verschiedener Größe.

Einst nahm ich zur Familie Haehnle, wo ich ab und zu noch Kinderkleider machte, einen kleinen Elefanten mit und setzte ihn dem jetzigen Direktor als Belohnung aus, wenn er den ganzen Tag nicht heule, was er, nebenbei bemerkt, stets ausgiebig tat. Aber o weh, er konnte sich nicht enthalten, auch im Anblick des begehrenswerten Elefanten fürchterlich zu weinen, und ich gab ihm denselben gerne, damit er wieder stille war.«

Als Margaretes Firma nach den Weihnachtsfeiertagen wieder öffnete, standen die Giengener bereits Schlange, um nach weiteren »Spielzeug-Elefanten« zu fragen. Die Firmenchefin lieferte die Filztiere gleich in verschiedenen Größen aus. Allerdings bat sich Margarete Steiff bei ihrer Kundschaft noch Wartezeiten aus, denn noch hatte die Fertigung von Kleidern Vorrang. Erst wenn sich da ein Leerlauf einstellte, wurde an den Filz-Elefanten gearbeitet.

Margaretes Bruder Fritz, seit Gründung der Firma engster Berater seiner Schwester, hatte bereits zu die-

Filz-Elefant, Replica 1880
Bärle 35 PB, Original 1904

sem Zeitpunkt das Gefühl, daß jenem Spielzeug eine große Zukunft beschieden sei. Und so versuchte er seine Schwester dazu zu überreden, die Elefanten nicht nur »auf Bestellung«, sondern »auf Vorrat« zu schneidern. Schließlich wollte er die niedlichen Filz-Elefanten auf dem nächsten Heidenheimer Christkindlesmarkt verkaufen.

Margarete Steiff hatte zwar große Freude an dem Gedanken, nicht nur Kinder ihrer engsten Umgebung mit diesem Spielzeug auszustatten und zu sehen, wie phantasievoll mit »ihren« Elefanten gespielt wurde, doch sie war skeptisch, ob die Spielzeugfabrikation auf Dauer genügend Arbeit und Ertrag für ihre Firma garantieren würde. Sie war sich wohl bewußt, wie sehr die wirtschaftliche Existenz vieler Giengener Familien von der Firma abhing.

Aber Margarete Steiff sollte für das Wagnis, das sie einging, belohnt werden. Denn auf dem Heidenheimer Christkindlesmarkt verlangte die Kundschaft nicht nur nach Zuckergebackenem und dem damals üblichen Spielzeug aus Holz und Blech, die Leute drängten sich auch um den Steiff'schen Stand, und nach kurzer Zeit waren alle Filz-Elefanten ausverkauft. Bruder Fritz brachte lediglich die leeren Säcke zurück nach Giengen und erzählte seiner Schwester von der Begeisterung der Kunden über dieses Spielzeug zum Schmusen – damit konnten Holzpferdchen

Esel mit Halsmechanik, Replica 1931
Fuchs, Replica 1910
JUMBO Elefant, Replica 1932
Schwein mit Halsmechanik, Replica 1909

und Blechtrompeten nicht konkurrieren. Und er übermittelte der Schwester die Bitten der Kundschaft, doch noch andere Tiere zu entwerfen und nähen zu lassen.

Jetzt war die Firmenchefin überzeugt vom Erfolg des neuartigen Spielzeugs. Margarete Steiff machte sich sofort daran, Schnittmuster für neue Tiere zu entwerfen. Erst gesellte sich ein Kätzchen zum Elefanten, dann verschiedene Hunde und ein Schwein. Alle diese Tiere aus Schurwolle und Filz hatten etwas gemeinsam: Alle sahen aus, als hätte man sie eben erst von draußen hereingeholt, so natürlich und lebensecht wirkten diese Nachbildungen. Und auch sie fanden schnell begeisterte Besitzer.

Jedes Tier mußte damals wie heute von den Näherinnen sehr oft in die Hand genommen werden, bevor es verkauft werden konnte. Der Filz wurde nach dem jeweiligen Schnittmuster ausgeschnitten, die Teile von links zu einem sackförmigen Gebilde zusammengenäht, das nach dem Wenden ausgestopft wurde. Spätere Modelle bekamen eine »Bauchstimme«, die auch in der eigenen Werkstatt entstand. Ohren und Augen mußten an der richtigen Stelle plaziert werden, die Nasen wurden kunstvoll gestickt. Die fertigen Tiere bekamen eine »Farbdusche« und wurden danach noch einmal einer Komplett-Prüfung unterzogen, bevor sie ihr Gütesiegel erhielten.

Ein Blick in die Spielwarenfabrik, ganz links Margarete Steiff

Um den vielen Aufträgen rechtzeitig nachkommen
zu können, mußte Margarete Steiff immer mehr Mitarbeiterinnen einstellen und sich nach weiteren
Heimarbeiterinnen umsehen. Die Unternehmerin
konnte nur staunen, wie viele Giengener Frauen bereit und geschickt waren, in der Spielzeugfabrikation
zu arbeiten. Schnell hatten sich die bisherigen Näherinnen auf die neue Art ihrer Arbeit umgestellt, und
die Fabrik bekam ein neues Firmenschild: »Filzsa-
chen- und Spielwarenfabrik«.

79

Das neuartige Spielzeug wurde immer bekannter, die ersten Steiff-Tiere traten den Weg ins Ausland an. Eine renommierte Spielzeughandlung im schweizerischen Sankt Gallen, in der die ausgestopften Filztiere fleißig verkauft wurden, ließ es sich nicht nehmen, die Erfinderin des immer beliebter werdenden Spielzeugs einzuladen. Margarete Steiff fühlte sich nicht nur geehrt, sie nahm auch gern die Gelegenheit wahr, eine Reise zu unternehmen, da sie seit dem Erfolg ihrer Erfindung keine Möglichkeit mehr hatte, ihrem geliebten Zeitvertreib nachzugehen. Die Reise mit der Bahn war beschwerlich, denn nach wie vor mußte sich die gelähmte Frau auf den Bahnhöfen tragen lassen. Dennoch nutzte Margarete Steiff die Fahrt durch die Landschaft Oberschwabens, um Eindrücke und Ideen für neue Stofftierkreationen zu sammeln.

Wieder zu Hause, mußte der Anteil der Spielzeugfabrikation an der Steiff'schen Firma weiter vergrößert werden. Fast täglich klopften neue Einkäufer von großen Spielzeughandlungen aus ganz Deutschland und dem Ausland in Giengen an, um sich die neuesten Modelle vorführen zu lassen und – begeistert von der Ausführung der weichen Gesellen – gleich in großer Stückzahl zu bestellen.

Margarete Steiff muß sich wohl bei den Entwürfen für neue Tiere immer vorgestellt haben, wie das je-

Margarete Steiff mit dem amerikanischen »EngrossKäufer«
Steiner von »Hilder Brothers, New York«, einem gebürtigen
Sonneberger

weilige Exemplar in die kleinen Arme ihrer Kundschaft paßte, um den Kindern so nach und nach die unterschiedlichsten Vertreter der Schöpfung nahezubringen. Als wären sie gerade dem Paradies entsprungen, lieferte Margarete Steiff Vögel, Mäuse und Hasen – und alle waren wie geschaffen dafür, am Kopfende der Kinderbetten über den Schlaf ihrer Be-

81

sitzer zu wachen oder tagsüber die unterschiedlichsten Spiele mitzumachen. Und immer legte Margarete Steiff ihr besonderes Augenmerk auf die Qualität der verarbeiteten Materialien. Schließlich hatte die Firmengründerin den Anspruch, daß die Spielgefährten der Kinder es durchaus auch einmal aushalten müßten, eine Nacht im feuchten Spielsand zu verbringen oder in Seife gebadet zu werden, ohne sich gleich aufzulösen.

Im März des Jahres 1893 ließ Margarete Steiff ihre Firma in das Handelsregister eintragen. In diesem Jahr wurden stattliche 12 000 Goldmark für den Einkauf von Filzbezug ausgegeben. Das war viermal so viel wie im Gründungsjahr der Firma. Allein der Spielwarenumsatz betrug im Jahr 1893 28 000 Goldmark.

Neben den Näherinnen in der Fabrik beschäftigte Margarete damals zehn Heimarbeiterinnen. In diesem Jahr gehörten bereits mehr als dreißig Tiere in Filz oder Plüsch zum Sortiment – die Fertigung von Kleidern, Kissenbezügen, Tischdecken und Taschen war vom Spielzeug längst in den Hintergrund gedrängt worden. Zum »Renner« dieses Jahres gehörten Tiere, die auf Gußeisenräder montiert wurden, damit die Kinder sie hinter sich herziehen konnten. Um den größeren Tieren mehr Stabilität zu verleihen (damit sie bedenkenlos als Reittiere auch für größere Kinder

PETSY messing, Replica 1927
Record Teddy, Replica 1913

benutzt werden konnten), bekamen diese in ihr Inneres ein Stahlgerippe.

Für ganz kleine Kinder – und deshalb »weichgestopft« – wurden im Jahr 1893 erstmals eine blaue Filzschwalbe an einer Gummischnur und ein Storch als Mobile angeboten.

Weil die Kinder nun schon mit den verschiedensten Stofftieren ausgestattet waren, bot Margarete Steiff all jenen Hausfrauen, die ihren Nadelkissenelefanten einst an ihre Kinder verloren hatten, zwei weitere Exemplare an: ein Dromedar aus Baumwollsamt auf einem grünen Samtkissen und ein Eichhörnchen aus Samt mit einem Schwänzchen aus Chenille, das auf drei grünen Filzblättern aufgenäht war und als Tintenwischer oder als Nadelkissen benutzt werden konnte.

Eine besonders geschickte Frau gehörte seit 1892 zu der Schar von Margarete Steiffs Näherinnen: Pauline Röck. Sie fertigte wahre Kunstwerke von Puppen, von denen heute leider nur noch wenige erhalten sind. Sowohl der Körper als auch die Kleidung wurden von ihr aus dem strapazierfähigen Filz gearbeitet. Die 26 Zentimeter großen Puppen hatten unzerbrechliche Köpfe, die von einem Sonneberger Großhändler nach Giengen geliefert wurden. Auf der Brust trugen diese Puppen eine Prägung, auf die auch schon die Mütter der damaligen Zeit großen Wert legten: »Unzerbrechlich und waschbar«. Über zwanzig verschiedene Puppen – darunter Bauern in Tracht, Matrosen, Gärtner, Schäfer, ein Clown und ein Wickelkind – waren schon vor der Jahrhundertwende zu bekommen.

Im gleichen Jahr kam ein kleines Kegelspiel auf den Markt. Auf den neun Kegeln aus Holz waren Tiere befestigt, die »Männchen« machten: der gute alte Elefant, das Schweinchen und Hunde aus Baumwollsamt oder Filz. Mit einem bunten Spielball – ebenfalls aus Filz – mußte man versuchen, die Kegel umzuwerfen.

Ebenfalls noch aus dem Produktionsprogramm vor der Jahrhundertwende stammt ein Spielteppich aus grauem oder braunem Filz einer besonders strapazierfähigen Qualität. Verziert waren diese weichen, kuscheligen Teppiche entweder mit Motiven aus dem Struwwelpeter oder mit Tiermotiven – beide aus Filz und mit Wolle oder Seide verarbeitet. Der »Urahn« der heutigen »Krabbeldecke« war eine warme Unterlage für spielende Kinder, die gleichzeitig mit ihren Bildern Möglichkeiten zum Entdecken und Benennen bot.

Das Spielwarensortiment in Margarete Steiffs Firma wuchs – und mit ihm die Nachfrage. Um das aktuelle Angebot bekannt zu machen, war es nötig, an Spielzeug-Messen teilzunehmen und sich einen zuverlässigen Stamm an Vertretern zu suchen. Diese Aufgaben überstiegen jedoch die Kräfte der Firmenchefin. Aber Margarete Steiff brauchte sich nicht zu sorgen. Bruder Fritz Steiff und dessen Söhne wurden zu weiteren wichtigen Säulen des stetig wachsenden Unternehmens. Margarete mußte ihre Neffen nicht zweimal bitten, nach der Schulausbildung einen Beruf zu ergreifen, dessen Kunst der Firma nützen konnte: Konstrukteure, Kunstgewerbler, Maschineningenieure und Kaufleute.

Im Jahr 1897 – damals erarbeiteten zehn angestellte Näherinnen und dreißig Heimarbeiterinnen einen Jahresumsatz von 9000 Goldmark – war die Firma Steiff zum ersten Mal in der Person von Margaretes Neffen Richard Steiff auf der Leipziger Messe vertreten. Im gleichen Jahr wurde eine Berliner Firma mit der Vertretung des Steiff'schen Sortiments beauftragt, ebenso eine Firma in der Hansestadt Hamburg. Auch für England wurde ein verläßlicher Partner gefunden.

Das 20. Jahrhundert hatte gerade begonnen, da war der Jahresumsatz bereits auf knapp 20 000 Goldmark gestiegen, und es gab mittlerweile auch eine Vertretung in den Niederlanden. Jetzt saßen die Näherinnen dicht gedrängt in der Steiff'schen Werkstatt: dreißig Mitarbeiterinnen arbeiteten im Hause, weitere vierundfünfzig waren Heimarbeiterinnen.

Fabrikansicht um 1912

Margarete Steiff mußte erkennen, daß die räumlichen Gegebenheiten in der Werkstatt nicht mehr mit der schnellen Expansion der Firma Schritt halten konnten.

1903 waren die Kapazitäten der Werkstatt endgültig erschöpft. Ein neues Domizil mußte gefunden werden. Nicht weit entfernt vom bisherigen Firmensitz, auf den Brenz-Wiesen, bot sich ein Gelände an, das allerdings sumpfig war. Doch diese schlechte Voraussetzung war für die Baumeistersfamilie, aus der Margarete Steiff ja stammte, kein Hindernis: Also

Margarete Steiff (rechts) an ihrem Arbeitstisch im Gespräch mit Schwägerin Anna Steiff

entstand ein zweistöckiger Bau aus einer Glas-/Stahl-konstruktion, der bis heute nicht in den Brenz-Wiesen versunken ist.

Das neue Bauwerk wurde »behindertengerecht« mit einer Zufahrtsrampe in das obere Stockwerk ausgestattet, um es der noch immer voll verantwortlichen Firmenchefin zu ermöglichen, ohne besondere Mühe mit ihrem Rollstuhl in sämtliche Räume der neuen Fabrik zu gelangen. Die mittlerweile sechsundfünfzigjährige Margarete Steiff ließ es sich nämlich bis zuletzt nicht nehmen, ein Auge auf ihr Lebenswerk zu haben. Täglich war sie in der Fabrik, ließ sich im Rollstuhl von einer Abteilung zur nächsten fahren, prüfte die bereits fertiggestellten Modelle, ließ sich die Belastbarkeit der Stahlgerippe für die Großtiere vorführen, regte jene Mitarbeiter, die für die Stimmen der Tiere verantwortlich waren, an, diese noch lebensechter klingen zu lassen, begutachtete das Ausstopfen und war sich auch nicht zu schade, neu angestellte Näherinnen anzulernen.

Auch wenn Margarete Steiff jetzt seltener an der Nähmaschine saß, so blieb sie doch den von ihr geschaffenen Spielzeugtieren so nahe wie möglich und achtete wie zu Beginn ihrer Arbeit auf die Qualität der Produkte, die ihr Haus verließen. »Für unsere Kinder ist das Beste gerade gut genug«, war und blieb ihr Wahlspruch.

Nicht einmal ein Jahr lang reichte die Größe des auf den Brenz-Wiesen errichteten Gebäudes aus, um der gesamten Produktion ausreichend Platz zu bieten. Bereits im Jahre 1904 mußte in direkter Nachbarschaft ein zweites, ebenfalls zweistöckiges Gebäude errichtet werden. Die Produktionszahlen liefern den Grund für diese Notwendigkeit: In den Jahren zwischen 1903 und 1907 stieg die Zahl der in Giengen hergestellten Steiff-Tiere von 240 000 auf 1 700 000. Ursprünglich arbeiteten gerade eine Handvoll Näherinnen in der Werkstatt, kurz bevor Margarete Steiff im Jahr 1909 im Alter von 62 Jahren starb, waren in ihrer Firma 400 Personen angestellt, mehr als 1800 Heimarbeiterinnen aus Giengen und der Umgebung lieferten zu.

Ein Bär macht Karriere

Einer der Neffen, Richard Steiff, studierte um die Jahrhundertwende an der Kunstakademie in Stuttgart und verbrachte seine gesamte freie Zeit, den Skizzenblock unter dem Arm, in der Wilhelma. Dort hatten es ihm vor allem die Bären angetan. Er beobachtete die drolligen Kerlchen stundenlang, um sie in den verschiedensten Posen naturgetreu auf seinen Skizzenblock zu bannen. Immer mehr gefiel dem jungen Mann die Idee, das Steiff'sche Spielwarensortiment um einen weiteren Vertreter der Tierwelt zu ergänzen: den Bären.

Doch als Richard seiner Tante stolz die Skizzen präsentierte und ihr vorschlug, die drolligen Gesellen aus dem Zoo doch in das Sortiment aufzunehmen, war Tante Margarete überhaupt nicht begeistert, zumal Richard sich vorgestellt hatte, daß »seine« Bären bewegliche Arme und Beine und natürlich ein richtiges Fell bekommen müßten.

Margarete Steiff versuchte sich das fertige Produkt vorzustellen, kam aber bald zu der Ansicht, daß so ein Bär viel zu plump sei und Kindern nicht gefallen würde. Außerdem, so die Meinung der Expertin, müßte das Bärenfell aus Mohair-Plüsch hergestellt

Richard Steiff mit einem Handmuster seines Teddybären

werden, Mohair-Ziegen gab es aber nur in der Türkei oder in Australien. Und verarbeitet werden konnte diese Wolle wiederum nur in England, das als einziges Land Spinnereien hatte, die auf die Verarbeitung von Mohair-Wolle spezialisiert waren. Und so ausgezeichnet die Wolle-Verarbeitung in England war, so stolz waren auch die Preise. Erschwerend kam hinzu, daß Plüsch-Tiere nicht mit genähten Augen auskamen, sondern vergleichsweise teure Glasaugen bekommen mußten, damit sie von den Kindern nicht herausgebohrt und womöglich verschluckt werden konnten. Mit anderen Worten: der Bär müßte zu einem sehr hohen Preis verkauft werden, wäre also für den Großteil der bisherigen Stammkundschaft unerschwinglich.

Zweifel über Zweifel! Doch Richard ließ sich nicht so leicht von seinem Vorhaben abbringen und erinnerte die Tante an ihren eigenen Wahlspruch: »Für unsere Kinder ist das Beste gerade gut genug!« Da erkannte Margarete, daß der Sohn ihres Lieblingsbruders eigentlich nichts anderes tat, als in ihre Fußstapfen zu treten. Richard war ebenso eigensinnig wie zielstrebig. Tante Margarete gab schließlich nach und ebnete damit, ohne es zu wissen, den Weg zum großen Erfolg ihrer Firma.

Mit der Zusage an ihren Neffen, es mit den Bären zu versuchen, führte die Tante ihre »Margarete Steiff GmbH« – und mit der Firma alle davon abhängigen Familien – allerdings zunächst in ein großes finanzielles Wagnis. Denn wenn das neue Modell auf der Leipziger Messe des Jahres 1904 vorgestellt wurde, mußten in Giengen bereits Tausende von Bären fertig sein, um gegebenenfalls sofort an die Händler verschickt zu werden. Und dies mußte alles vorfinanziert werden. Wäre der Bär nicht geordert worden, hätte dies unter Umständen den finanziellen Ruin der bis dahin »gesunden« Firma bedeutet. Aus diesem Grund hatte Margarete Steiff auch so lange gezögert.

Margarete Steiff mit dem erfolgreichen Teddybären

Die noch immer zweifelnde Margarete ließ die ersten Bären an den Bruder von Richard, Paul Steiff, nach Amerika schicken, der dort seine kaufmännische Ausbildung vervollständigte. Er sollte das neue Modell aus dem Hause Steiff jenseits des großen Teichs bekannt machen. Doch Paul bestätigte die düstere Prognose der Tante. Die Bären fanden bei den Amerikanern, die von den bisherigen Produkten aus dem Hause Steiff begeistert waren, keine Liebhaber. Margarete begann darüber nachzudenken, ob es richtig war, das Schicksal so herauszufordern.

Ihr Neffe ließ sich indessen nicht beirren und nahm die neuen Bären mit zur Leipziger Messe, auf der sie in den Jahren zuvor immer gute Geschäfte gemacht hatten. Doch auch dort war die Resonanz vernichtend. Die Einkäufer der größten und wichtigsten Spielwarenhandlungen nahmen nicht nur keine Notiz von den Plüsch-Gesellen mit den beweglichen Gliedmaßen, sie waren sogar der Meinung, die Bären würden die Wirkung der gesamten Steiff-Kollektion verderben. Jetzt mußte sich der Steiff-Neffe schweren Herzens eingestehen, daß Tante Margarete – wie so oft – recht behalten hatte. Noch lange vor dem Ende der Leipziger Messe räumte er die Bären, auf die er so große Hoffnungen gesetzt hatte, von den Präsentationstischen und aus den Vitrinen in eine Messekiste.

Doch kurz bevor der tief enttäuschte Richard Steiff zu Hammer und Nägeln griff, um die Kiste zuzunageln, passierte etwas, von dem zu diesem Zeitpunkt niemand mehr zu träumen gewagt hätte: Ein amerikanischer Spielwaren-Einkäufer, der bereits zu den Stammkunden der Firma Steiff gehörte, schaute sich am Stand der Giengener Fabrik um, um dann seinem Unmut freien Lauf zu lassen: »Hat denn Steiff zum diesjährigen Weihnachtsfest gar nichts Neues zu bieten?«

Zunächst wagte Richard kaum, die Kiste mit den Bären noch einmal zu öffnen. Zu viele negative Äußerungen hatte er sich in den vergangenen Tagen anhören müssen. Nur weil der Amerikaner hartnäckig blieb, holte Richard Steiff schließlich doch einige seiner Bären wieder aus der Versenkung. Der Amerikaner war entzückt von den drolligen Bärchen. »Warum zeigen Sie diese weichen, goldigen Bären nicht?« fragte er den erstaunten Richard. »So etwas Liebes können die Kinder ja sogar noch beim Einschlafen im Arm behalten«, prophezeite er der bisher verkannten Steiff-Neuschöpfung.

Ohne auch nur einen Augenblick zu überlegen, bestellte der Einkäufer 3000 Stück. Richard Steiff wollte die Bestellung zunächst gar nicht aufschreiben, denn er war sicher, wenn der Kunde aus Amerika erst den Preis der Bären erfuhr, würde er die Bestellung sofort rückgängig machen. Doch der ließ sich auch von dem hohen Preis nicht abschrecken und beruhigte den Bären-Erfinder: »Keine Sorge, Herr Steiff, New York wird den Preis für Ihre entzückende Neuheit schon bezahlen!«

Der Einkäufer reiste zufrieden nach Hause, und in Giengen atmete man erleichtert auf. Doch jetzt mußte auf den Brenz-Wiesen im Akkord gearbeitet werden, um den großen Auftrag erfüllen zu können. Nicht nur die Näherinnen in der Fabrik, auch die für das Brummen zuständigen Stimmenmacher, die für die beweglichen Arme und Beine unverzichtbaren Gliederkonstrukteure, ja sogar die Heimarbeiterinnen mußten Überstunden machen, um die Lieferung pünktlich für die Reise über den großen Teich fertig zu haben. Es wird erzählt, daß in diesen Tagen ganz Giengen, vom Pfarrer bis zum Lehrer, damit beschäftigt war, Bären zu stopfen. Selbst am Stammtisch wurde noch gearbeitet.

Der Bär bekommt einen Namen

In Amerika traten die Giengener Steiff-Bären einen wahren Siegeszug an. Dort erst sollten sie auch ihren Namen bekommen, den jedes Kleinkind aussprechen kann, lange bevor »Bär« zu seinem Wortschatz gehört: »Teddy«.

Der amerikanische Ex-Präsident Theodore Roosevelt kehrte im Jahre 1910 von einem einjährigen Aufenthalt in Britisch-Ostafrika zurück, wo er seiner Leidenschaft, der Bärenjagd, nachgegangen war. Aus diesem Anlaß gab Robert J. Collier, der Verleger des »Collier's Magazin«, ein Galadinner für Theodore Roosevelt und seine Begleitung. Dieses Dinner stand natürlich ganz im Zeichen des erfolgreichen Jägers. Deshalb bekam auch jeder der Teilnehmer als Gastgeschenk einen 32 cm großen »Teddy-Bären« überreicht.

Dies ist jdoch nur eine der bestehenden Legenden, wie der »Teddy« zu seinem Namen kam. In einer anderen Variante wird erzählt, daß in der Verwandtschaft des damaligen amerikanischen Präsidenten Roosevelt ein Hochzeitsfest anstand, für das ein Dekorateur mit einer originellen Tischdekoration beauftragt wurde. Der Dekorateur besorgte einige Dutzend der Plüsch-Bären und arrangierte sie in kleinen Gruppen auf der festlichen Tafel. Der pfiffige Mann spielte damit keineswegs auf Braut und Bräutigam, sondern auf das Hobby des Präsidenten an: die Bärenjagd. Die Bären aus Deutschland standen in Jägerkluft auf den Tischen, und die humorvollen Amerikaner lachten gern über die originelle Idee. Auf die Frage, um welche Art von Bären es sich wohl handelte, antwortete ein Freund Roosevelts gut gelaunt: »Das sind bestimmt Teddy-Bären!«

Es gibt noch weitere Varianten, jedoch keine der Geschichten und Legenden läßt sich beweisen. Fest steht lediglich, daß der Begriff »Teddy-Bär« 1906 erstmals in den USA auftauchte und von Anfang an in Verbindung mit dem beliebten Präsidenten Roosevelt gebracht wurde. Belegbar ist auch, daß Steiff in einem Katalog von 1908 einen Teddybär mit Strickbekleidung abgebildet hat, auf dessen Brust das Wort »Teddy-B« zu lesen war.

Die Verkaufszahlen des zunächst verschmähten Plüschtieres stiegen jedenfalls explosionsartig, der Teddy aus Deutschland wurde zum amerikanischen »Nationalspielzeug«. Als die Firma Ideal Toys später den Präsidenten in aller Form um die Erlaubnis fragte, ob die Bären nun ganz offiziell den Kosenamen Theodore Roosevelts tragen dürften, willigte der gerne ein. Was sich damals wohl kaum jemand vor-

Bärle 35 PB Mohair, Replica 1904

stellen konnte: 1992, zum 90. Geburtstag des Teddys, hatte die Firma anläßlich der Geburtstagsfeier hohen Besuch: Kein geringerer als der Urenkel des damaligen Präsidenten, Tweed Roosevelt, enthüllte vor den Werkstoren der Steiff-Fabrik das von Karl-Ulrich Nuss geschaffene Teddy-Denkmal aus Bronze, das von einem kleinen Bronze-Elefanten gekrönt wird, dem »Ur-Tier« der Margarete Steiff GmbH.

Schon im ersten Produktionsjahr des Teddys, 1904, wurden 12 000 Stück hergestellt, als »das« Teddyjahr ging dann das Jahr 1907 in die Annalen ein. Fast eine Million Teddy-Bären wurden in den zwölf Monaten hergestellt, jeden Tag verließen fast 3000 Teddys die Giengener Firma.

Kaum hatte der Teddy seinen Siegeszug begonnen, da nutzten auch andere Unternehmen die Gunst der Stunde und kopierten den Bären. Margarete Steiff konnte zwar das Erscheinen der Kopien nicht verhindern, wohl aber konnte sie das Original kennzeichnen: Seit 1904 – bis zum heutigen Tag – tragen alle Steiff-Produkte den berühmten »Knopf im Ohr«. Ein daran befestigtes Fähnchen gibt Auskunft über die verwendeten Materialien und trägt die Bestellnummer des jeweiligen Tieres.

Unzählige Kinder wurden stolze Besitzer eines oder gar mehrerer Steiff-Tiere. Im Jahr vor ihrem Tod mußte sich die Firmengründerin allerdings noch ein

101

Margarete Steiff,
Aquarell von H. Hagemann, um 1965
(nach einer Fotovorlage)

letztes Mal ernste Sorgen um ihre Firma machen. Eine Wirtschaftskrise in Amerika war schuld, daß die Bestellung Tausender von Bären, die bereits versandbereit waren, annulliert wurde.

Am 9. Mai 1909 schloß Margarete Steiff im Alter von zweiundsechzig Jahren für immer die Augen. Sie hinterließ eine wahre Plüsch- und Kuscheltier-Dynastie, die weit mehr als fünfhundert Tiere umfaßt. Diese werden auch heute noch in der gleichen Giengener Fabrik von über tausend Mitarbeitern gefertigt.

Zur Firmengeschichte
Aus Margarete Steiffs Tagebuch

1877   März: Unterrockgeschäft, Kinderkleider, Röcke, Mäntel.

1877   Mai: erste Arbeiterin Katharine Schnapper. Die Firma Siegle in Stuttgart hat sich in erster Linie damit befaßt und die ersten Stücke abgenommen. In diesem Jahr wurden für Mk. 3 065,– Filz bezogen.

1880   Februar bis Juni in Hörbranz.

1880   Dezember 29.: 5 Elefanten verkauft an Frau Lina Hähnle, 2 Elefanten an Frau Marie Spiess.

1883   erste Notiz über nach Stuttgart (Exportmusterlager) verkaufte Tiere. Im Januar für Mk. 40,–, Filzbezug Mk. 1 800,–

1886   Filzbezug Mk. 1460,–

1888   Filzbezug Mk. 3700,–

1890   Filzbezug Mk. 5070,–

1890   kamen ins Haus Frl. Johanna Röck und Emilie Häussler, Frl. Dangel.

1892   Frau Pauline Röck, Witwe (Puppen).

1893   3. März: Eintrag ins Handelsregister. Filzbezug Mk 12 000,– teils für Kissen, Handarbeiten, Spielteppiche, teils für Spielwaren. In letzteren ein Umsatz von Mk. 28 000,–. Etwa 10 Heimarbeiterinnen sind notiert.

1894/   Herr Morschheuser ist aufgetaucht und hat Muster
1895   auf seinen Reisen mitgeführt, da er für die Firma Heinrichmeier & Wünsch in Rothenburg ob Tau-

ber reiste und in Waltershausen wohnte, bis er 1908 sich als Vertreter niedergelassen hat.

1895 Frl. Dangel (spätere Frau Geometer Schimpf) für Handarbeiten und Spielteppiche.

1895/ Die Firma Söhlke Nachf. Inh. Paul Wetzel, Berlin,
1896 hat sich eine Zeitlang als einzige Verkaufsfirma für Berlin und Export betrachtet.

1897 wurde die erste Messe in Leipzig besucht von Herrn Richard Steiff und Herrn Eulenstein. Hier sind 10 Arbeiterinnen im Hause und 30 Heimarbeiterinnen notiert. Jahresumsatz Mk. 90 000,–

1897/ wurde die Vertretung an Firma G. F. Hertzog, Ber-
1898 lin, gegeben.
Als Reisevertreter für England war Herr Eulenstein, Baden-Baden, tätig.

1898/ Frl. Lina Steiff, Frl. Minni Schneider, Frl. Anna
1901 Röck, Frl. Berta Schneider, Ulm.

1898/ Herrn Paul Steiff Kunstgewerbeschule Stuttgart
1902 und Amerika. Herr Richard Steiff Militär, Kunstgewerbeschule Stuttgart und England.
Herr Franz Steiff Webschule, Heidenheim, Aalen, Giengen und England.

1899 Englandreise von Herrn Richard Steiff und Herrn Rabus, letzterer in den Vereinigten Filzfabriken tätig. Vertretung an Herrn Herbert E. Hughes, London. Weitere Vertretung an Hess in Hamburg gegeben.

1899 wurde der Mittelbau in der Mühlstraße gebaut von Herrn Fritz Steiff.

1900 Herr Fritz Steiff gestorben.

1900 1. Mai: Herr Leonhard Meck. Vertretung an Firma

G. Pansier, Florenz, Jahresumsatz Mk. 188 000,–. Etwa 30 Arbeiterinnen im Hause und 54 außer dem Hause.

1901   Vertretung an Firma H. Kamp, Amsterdam.

1903   wurde der Ostbau Glashaus 1 gebaut, Jahresproduktion 240 000 Stück, davon ca. 3200 Stück Bär 55 PB, erster gegliederter Bär.

1904   wurde der Westbau Glashaus 2 gebaut. In diesem Jahr wurde der erste gegliederte Bär 35 PB auf den Markt gebracht und 12 000 Stück angefertigt.

1906   30. Mai: Gründung der G.m.b.H. Vertretung für Norwegen, Schweden an Firma Töpfer, Leipzig.

1907   Das bekannte Bärenjahr. Gefertigt wurden 975 000 Stück Teddybären bei 400 Arbeitern im Hause und 1800 Arbeiterinnen in der Heimindustrie und in 5 Filialen. Gesamtjahresproduktion, Tiere und Karikaturpuppen zusammen 1 700 000 Stück. In diesem Jahr wurde auch unsere erste Charakterpuppe mit Mohairplüschhaaren auf der Frühjahrsmesse bestaunt, die aber erst 1908 in Verkauf gekommen ist.

1908   Vertretung an Firma Schnötzinger, Wien, und an Firma Rodrigues, Lissabon (Portugal). Amerikanische Krise, die auch für uns eine solche war wegen den Abschlüssen in Plüsch und den großen Bärenbestellungen, die annulliert wurden und schon in großen Quanten fertig zum Versand lagerten. Glashaus 3 Nordbau. Herr Franz Steiff gestorben.

Margarete Steiff: Leben in Daten

1847   am 24. 7. wird Margarete Steiff geboren, die Schwestern Marie und Pauline sind drei und zwei Jahre alt

1848   Geburt von Bruder Fritz

1849   Margarete erkrankt an Kinderlähmung

1856   Aufenthalt bei Dr. Werner in Ludwigsburg, anschließend zur Kur in Wildbad

1857   erneute Kur in Wildbad

1859   Nähschule

1860   Konfirmation

1861   Schulabschluß

1864   erste »Nähreisen« zur Verwandtschaft

1870   Heirat von Schwester Pauline

1873   Heirat von Schwester Marie

1874   Heirat von Bruder Fritz

1877   Margarete gründet ihr Filzgeschäft

1879   Schwester Marie stirbt

1880   Reise nach Hörbranz, zu Weihnachten verschenkt Margarete Steiff die ersten Filz-Elefanten als Nadelkissen

1881   Bruder Fritz Steiff verkauft auf dem Heidenheimer Weihnachtsmarkt die ersten Filz-Elefanten als Kinderspielzeug

1882   Filzsachen- und Spielwarenfabrik

1890   Johanna Röck zieht zu Margarete Steiff und wird sie bis zu deren Lebensende betreuen

1893   Eintrag ins Handelsregister

1903   Fertigstellung eines zweistöckigen Anbaus

1904   ein zweiter Anbau wird fertiggestellt

1904   auf der Leipziger Messe wird der erste Bär vorgestellt

1907   das große »Teddyjahr«

1909   am 9. 5. stirbt Margarete Steiff im Alter von 62 Jahren

Die Autorin

Sabine Völker-Kraemer, geboren 1961, ist Journalistin und freie Mitarbeiterin beim Evangelischen Pressedienst. Außerdem ist sie Mutter von zwei Kindern.
Als gelernte Redakteurin im Tageszeitungsgeschäft hat sie überwiegend mit »harten« Nachrichten zu tun. Welch schönen Kontrast bieten da die schönen Plüsch-Tiere aus dem traditionsreichen Hause Steiff in Giengen. Und während Vertreter mit dem Knopf im Ohr über den Schlaf der beiden kleinen Töchter wachten, machte sich die mittlerweile freiberuflich tätige Journalistin mit dem Leben und Werk der »Ur-Mutter« aller Steiff-Tiere, Margarete Steiff, vertraut, um schließlich das Bild einer bewundernswerten Frau und erfolgreichen Firmengründerin zu zeichnen.

Weitere Bücher aus dem Quell Verlag

Christa Spilling-Nöker
Ich will dir eine Rose schenken
Die schönsten Texte und Bilder aus
verschiedenen Kulturen und Epochen zur
Königin der Blumen

Hildegard von Bingen
Kräuterbüchlein für Leib und Seele
Ein Kräuterbüchlein mit vielen hilfreichen
Ratschlägen für körperliches und seelisches
Wohlbefinden

Wolfgang Klein
Vom Glanz der Sterne
Bilder und Gedanken über das Licht
als Geheimnis des Lebens

Weitere Bücher aus dem Quell Verlag

Hildegard Pfaff-Henning
Die fliegende Hebamme
Ein liebevoller Einblick in die Welt
einer Dorfhebamme

Reinhard Abeln
Zum Glück gibt's Enkelkinder
Über die beglückende Erfahrung,
Großeltern zu sein

Tony Schumacher
Nanetta
Romantische Geschichten
aus der »guten alten Zeit«